【再生数（ほぼ）なし】【月2回投稿】【登録者数（ほぼ）なし】でも

毎月30万円稼げる奇跡の方法
YouTube「マネタイズ」図鑑

YouTube Monetization Guidebook

YouTube マスターD
YouTubeMasterD

KADOKAWA

まえがき

「いまさらYouTubeで稼ぐなんて無理」

　この本は、そんな皆さんの常識をくつがえし、人生を大成功に導くために執筆しました。

　確かに、YouTubeは全盛期にくらべ、人気YouTuberの再生回数が軒並み落ちているのが現実。
　ですが、本書で紹介する方法を使えば、**「再生数（ほぼ）なし」「月2回投稿」「登録者数（ほぼ）なし」**で稼げるようになるのです！

　ハイどうも皆さんこんにちは、YouTubeマスターDです！
　その名の通り、YouTubeプロデューサーとして活動しています。

　今の話を聞いて、

「え？　そんな条件で本当に稼げるの？」
「少ない再生回数でどうやって広告収益を得るの？」
「今さらYouTubeを始めてもライバルが多すぎて無理じゃない？」

　そんな風に思ったかもしれません。安心してください、稼げます。
　一部では「オワコン」とさえ言われているYouTubeですが、やり方を間違えなければ今でも、そしてこれからも**しっかり稼げるプラットフォーム**です。

　現在のYouTubeについて簡単にお伝えすると、アクティブユーザー数は全世界で25億400万人（2024年4月時点）。ソーシャルメディアとしては世界第2位を誇ります。毎日10億時間以上のコンテンツが視聴され、

日本だけでも毎分500時間以上ものコンテンツがアップロードされている、モンスタープラットフォームです。

　日本では2011年頃からHIKAKINさんをはじめとした有名YouTuberが登場。芸能事務所に所属し、広告収益で億単位のお金を稼ぐ彼らは、いつしか世代を超えて「新しい稼ぎ方」の象徴として憧れられる存在になりました。

そんな時代から、10年以上が経った今。

2024年現在のYouTubeははっきり言うと飽和状態です。
　一般人だった人たちがYouTuberになり、芸能人や言論人や各種の職人・作家・クリエイターや政治家までもが参入し、しのぎを削っています。
　このように考えるとYouTubeはすでに成熟した市場で、これから参入するのは難しく見えるかもしれません。実際にYouTube市場を攻略するための書籍や動画も世にあふれていて、ライバルが今この瞬間も参入している状況です。

ただ、それでも私は断言します。

YouTubeは全然オワコンじゃないし、稼げる方法がある！

その方法が **「ビジネス系YouTuber」** という選択肢です。

この方法では、広告収益を頼りにしません。
YouTubeを活用して、「自分の商品」を販売するのです。
本書のやり方を学び、きちんと順を追って実践すれば、誰でも確実に有名YouTuber以上の稼ぎを手にすることができます。

実は知られていない
「YouTubeで集客して自社商品で稼ぐ方法」

　改めてお伝えすると私はYouTube歴9年、チャンネル登録者が10万人（2024年10月現在）を突破した「日本一のYouTube攻略系チャンネル」を運営し、主に再生回数の伸ばし方やチャンネル登録者数の増やし方についてのお話をしています。さらに、これまでに1,000チャンネル以上をプロデュースしてきました。

　本書では、プロデュースによって成功した方々に私がお伝えしてきた**「ビジネス系YouTuberとしてYouTubeで集客して自社商品で稼ぐ方法」**を詳しく解説します。
　具体的には本文内でお伝えしますが、YouTubeには広告収入やアフィリエイト、スーパーチャットなど複数の稼ぐ方法が存在します。
　ですが、多くの手法でチャンネル登録者と再生回数が必要です。

　現在、YouTubeにはチャンネル登録者が1万人、10万人、100万人、1,000万人もいるようなYouTuberがたくさん存在していますが、YouTube全体から見ると彼らはほんの"ひとにぎり"の存在でしかありません。

　実際に「チャンネル登録者数1,000人を達成している人は全体の9%しかいない」というデータも存在しています。かつては18%くらいだったのが半分近くにまで減りました。
　そのくらいハードなゲームになっているわけです。

登録者数1,000人まで激ムズ

More than X subscribers	You are better than ... % of all YouTube channels
100 million or more	99.999996%
50 million or more	99.99997%
10 million or more	99.999%
1 million or more	99.97%
100,000 or more	99.7%
10,000 or more	98.2%
1,000 or more	91.1%
100 or more	75.1%
0 or more	

引用元：https://timqueen.com/youtube-number-of-channels/

　さらに、YouTubeには1日あたり370万本の動画がアップされており、そのうちの91％はほぼ画面上に現れないこともわかっています。

　私たちがパソコンやスマートフォンでYouTubeを見るときに表示される動画は、個々のユーザーの好みを反映させた「伸びている動画」や、YouTubeのシステムが「これから伸びる可能性がある」と判断した優秀な動画です。

　その結果、9割以上の動画はYouTubeのトップ画面にすら表示されない事態が起きているのです。

　そんな状況でも稼げる、YouTubeの活用方法をお伝えするのが本書の試みです。

> 「月2回投稿」「登録者500人以下」でも
> 月商1,500万円が実現できる

ビジネス系YouTuberはどのくらい稼げるのか？

　実際問題、<u>いくら稼げるかは「あなたがいくら稼ぎたいか」次第</u>です。月商10万円なのか、100万円なのか、1,000万円なのかは個々によって目標が異なるでしょう。

　現実の話をすると、私のプロデュースを受けた受講生の中には月2回投稿・登録者498人で月商1,500万円を得た方がいます。
　その方は30代の広告運営会社の男性経営者で、自分のビジネスの集客目的でYouTubeを始めました。そのYouTubeを使ってPPCアフィリエイトを教えるスクールを販売して1年以内に月商1,500万円を達成したのです。

「彼がスペシャルな人だったからじゃないの？」

　そんな風に思うかもしれませんが、違います。
　確かに彼は経営者としてはスペシャルな人だったかもしれませんが、**YouTuberとしては普通の人**でした。
　「アフィリエイト」というジャンルもYouTubeの中ではニッチでしたし、エンタメ系のように再生回数を稼いで広告収入で儲けることができるようなジャンルではありません。
　それでも私がお伝えした方法を実践して結果を出しました。

　もし、この本を手に取ってくださったあなたが、すでに自分の商品・サービスを持っている人であれば、YouTubeを使って集客する方法を覚えるだけで稼げます。

もし仮に自分の商材を持っていなかったり、ビジネスをしていなかったとしても、十二分に稼ぐことができるようにたっぷりとノウハウを詰め込みました。

　本書は全体で6章構成になっていますが、私が普段からお伝えしている「YouTubeを活用したマネタイズの全容」を丁寧に解説しています。
　書いてあることをきちんと実践すれば、あなたもYouTubeを使って稼げるようになります。

　YouTubeで稼ぐには特別な才能がないと難しかった時代こそ、すでに終わっています。

　さぁ、今すぐYouTubeで人生を変えましょう。

Contents

まえがき ……………………………………………………………… 002
- 実は知られていない「YouTubeで集客して自社商品で稼ぐ方法」 004
- 「月2回投稿」「登録者500人以下」でも月商1,500万円が実現できる 006

第1章
最新版！YouTubeでがっつり稼げるビジネスモデル

知っておくべき広告収入以外の「YouTube9つの稼ぎ方」 018
- 「広告以外のYouTube内収入」の4つの方法　019
  - 結局はYouTubeの広告収入で稼ぐのと一緒
- 「他社商品販売」の2つの方法　021
  - やっぱり視聴者数が必要
- 「自社商品販売」の3つの方法　023

9割の人は広告収入では稼げない ……………………………… 027
- ジャンルによって視聴者人口の多い／少ないがある　028

週1回投稿、ニッチなジャンルで1億円稼げた戦略 ………… 031
- 「自分」がお金に変わる　032
- 自社商品販売なら少ない再生数でも稼げる　033

YouTubeマスターD式プロダクトローンチとは? ………… 036
- YouTubeマスターD式ではYouTubeを最大限に活用する　037

本当にオワコン?　YouTubeを活用する4つのメリット …… 039

第2章
稼ぎの9割を決める!
ジャンル選定とコンセプト設計

まずはYouTubeチャンネルを開設しよう ………………… 044
成功と失敗を分けるのは「ジャンル選定」 ………………… 045
- ジャンルの考え方を改めろ!　046
- 「好きなジャンル」よりも「稼げるジャンル」で選ぶ　048
- 「YouTubeマスターD」　049

「稼げるジャンル」と「稼げないジャンル」 ………………… 051
- 稼げないジャンルの「4つの共通点」　052
- 稼げるジャンルの「5つの共通点」　058

参入するジャンルの「需要と供給」を確認しよう ………… 063
- 検索結果を絞り込んで過去の数字を分析する　063
- ジャンル選定を手助けするツールは諸刃の剣　066
- Dがこっそり教える「稼げるジャンル」一覧　068

ライバルが存在するからこそ「コンセプト」が重要 ……… 071
- コンセプト設計がチャンネルを決める　072

コンセプト作りには「市場調査」が必須 …………………… 074
- 広く調べて細分化キーワードをリストアップ　074

- コンセプト作りの注目ポイント　075
- 市場調査で使える2つの分析ツール　077

チャンネル設計で差をつける必須ツール……………079
- ジャンルの市場と訴求ワードがわかる　080
- ライバルのチャンネルの状況が一瞬でわかる　083
- 動画の成長率にも注目すべし　087

ジャンル・コンセプトを基準に販売商品を設計する…………090
- バックエンドにできる8つの商品タイプ　091

それでも「どんな商材にすべきか」がわからないときは？…097
- 「世の中でどんな商品が売られているか」を知る　097
- 「先発のYouTuberの売っている商品」を確かめる　098
- 常にアンテナを張るマインドセット　099

第3章
伸びてる人は知っている YouTube超戦略

「YouTubeでモノが売れる全体像」を意識せよ…………102

絞ったジャンルの中で「再生数の最大化」を狙う…………105
- サムネイルと細分化が再生回数を決める　106

知っておくべき「VSEO」……………108
- VSEOのメリット・デメリットとは？　109

一般受けするネタならショート動画が狙い目…………111
- 通常動画とショート動画では基準が10倍違う　112
- インフルエンサーになるならショート動画はマスト　113

信頼構築のための動画テクニック4選……………114
- 1. 検索ハック　114

- ・検索をハックするための3つの方法
- ・検索をハックできる動画作り
- ● 2.動画のクオリティ　**119**
- ● 3.循環率を上げる　**121**
  - ・連続して動画を見てもらうための3つの方法
- ● 4.他のYouTuberとの差別化　**124**
  - ・正しくライバルと差別化するための4つの方法

伸びていないのにアナリティクスを見る必要はない ……… **128**
- ● あえて数字を確認するときのポイント　**129**

再生回数を増やすために"やってはいけない"2つのこと …… **132**
- ● 1.広告で再生回数をブーストする　**132**
  - ・有名YouTuberでもチャンネルが壊れている人がいる
  - ・再生回数を伸ばすための広告はドーピングのようなもの
- ● 2.再生回数そのものを購入する　**135**
  - ・再生回数を伸ばしたいなら再生回数を伸ばそうとするな!
- ●「伸びている動画＝視聴者の考えていること」　**138**

第4章
バズる動画は下準備で決まる!

動画投稿をしても伸びない人がやってしまっていること …… **142**
- ● YouTubeは「サムネゲー」　**144**
- ● なぜYouTubeは「サムネゲー」なのか?　**145**

サムネイル作りでもリサーチが何より重要 ………… **147**
- ● サムネイルをリサーチするときの注意点　**147**

- サムネイルをリサーチする3つの方法　148
- 実際に伸びているサムネイルをリスト化する　150

サムネイル作りで覚えておくべき重要テクニック……152
- 1.基礎クオリティが低い→基礎クオリティを高く　152
- 2.差別化しすぎている→ベースを真似て差別化　154
  - ・サムネイルをトレースするときの3ステップ
- 3.訴求が弱い→訴求を強く or 横展開する　157
  - ・訴求は「ライバルよりも強く」
  - ・1つの訴求から複数の横展開をする
- 作ったサムネイルは必ずスマートフォンでも確認する　162

効果検証でサムネ力を上げろ！……164
- A/Bテスト機能で入れ替える必要すらなくなる？　165
- 今まで以上にサムネ詐欺ができなくなった　166
- 思わぬサムネ詐欺を起こしてしまわないために　167

動画投稿をしたあとのサムネイルの考え方……169
- サムネイルだけが伸びない原因とは限らない　169
  - ・時間訴求も動画には重要
- ネタによっては伸びるまで時間がかかることもある　171
- サムネイルを入れ替えるべき人・入れ替えるべきでない人　173
- 「クリック率」は気にするな！　174

再生回数を伸ばすためにはタイトルも重要……176
- タイトルは「お店の看板」　176
- 伸びるタイトルをつける3つのポイント　177
- インパクトワードとパワーワードと関連キーワード　180
- タイトルをつけるときの注意点　182

概要欄を充実させる4つのメリット……185
- 概要欄を書くときの注意点　190

第5章
人が集まる
ビジネス系動画の作り方

動画への顔出しは必要なし！　むしろ悪影響になることも … 194
- 小さな市場ではそもそも顔出しをする意味がない　195
- タレントになるつもりがないなら顔出しはしないこと　195
- 伸びる動画のスタイル　196

動画を撮る前に「台本」を作るのが鉄則 …………………… 198
- 台本と構成を決めた時点で上位20％に入れる　198
- 1.ライバルの台本を文字起こしする　199
- 2.ライバルの台本を分析する　201
- 3.テンプレートを見つけ、そこから台本を作成する　202
- 「台本を書きたいネタ」を最低5本は勉強する　206
- YouTubeマスターD式台本テンプレート　207

台本を書くときの超重要マインド …………………………… 210
- 有料級の情報を無料で提供する時代になっている　211
- 無料の動画では埋められない「体験」という穴　212

YouTube動画を撮影するときの基本を押さえよう ……… 214
- こだわるべき機材は「カメラ」よりも「マイク」と「ライト」　214
- 撮影方法ひとつで動画のイメージは変わる　215

ファンが増える正しいオープニングとエンディング ……… 218
- オープニングの工夫で面白いほどファンが増える　218
- 再生回数とチャンネル登録者を増やすエンディングの使い方　221
  - ・エンディングを作るときの2つの注意点

視聴者満足度を高めるための動画編集テクニック ……… 226
- 動画編集にも優先順位がある　226
- 外注する選択肢もある　229

動画編集におすすめの外部ソフトウェア ･････････････ 232
- スライドを作るなら「Canva」一択　232
- 動画編集でおすすめの3つのソフト　233

第6章
最終目的地 セールスの極意

コンテンツ販売にはLINEをフル活用せよ! ････････････ 236
- 最悪の場合、炎上してチャンネルが死ぬ　236
- LINEへの誘導はスクリーニングと売り場を移すため　237

YouTube動画からLINEへ誘導する4つのメリット ･･････ 238

「登録するメリット」を作ろう ･･･････････････････････ 240
- CVRを高める4つの方法　241
- 最初の目標は「リスト100人」を集めること　243

ステップ配信で集めた人たちへ的確に情報を届ける ･････ 245
- 告知のための便利なツール　245
- 7通のメッセージで「さらなるファン化」と「営業」を行う　246
- 活動期間が短い人はステップ配信に動画を交ぜまくる　250
- 対談動画でクロージングする前から欲しくさせる　252
- 実績が増えてきたら専用のチャンネルを作る　253
- チャンネル内のコミュニティ投稿でも実績を打ち出せる　254

販売方法は自分の信頼度と実力で決める ････････････ 257
- 1.個別相談からの販売　257
  - 個別相談ローンチの3つの注意点
- 2.セミナーからの販売　259
  - セミナーからの販売の3つの注意点

- 3.動画からの販売　262
  - 「低単価商品を売る」と「低単価で売る」は大きく違う
- オートウェビナーという選択肢　264

イベント風に告知して人を集める ……………………… 266
- イベント告知にも配信ツールを活用しよう　267
- 無料相談もセミナーも地道な努力が大事　267

あとがき　YouTubeで選択肢の広がった人生を手に入れる　270

- 本書の内容は、2024年10月時点の情報をもとに構成しています。
- 本書の発行後にソフトウェア機能や操作方法、画面などが変更された場合、本書の掲載内容通りに操作できなくなる可能性があります。
- 本書に記載されたURLなどは、予告なく変更される場合があります。
- 本書の出版にあたっては正確な記述に努めましたが、本書の内容に基づく運用結果について、著者および株式会社KADOKAWAは一切の責任を負いかねますのでご了承ください。
- 本書に記載されている会社名、製品名、サービス名は、一般的に核開発メーカーおよびサービス提供元の登録商標または商標です。なお、本文中には™および®マークは明記していません。

装丁　菊池祐
本文デザイン・DTP　株式会社 三協美術
校正　松本美果（あかえんぴつ）
編集協力　廣田祥吾
編集　下方知紘（KADOKAWA）

最新版！
YouTubeで
がっつり稼げる
ビジネスモデル

知っておくべき広告収入以外の「YouTube9つの稼ぎ方」

それでは始めていきましょう！

本書ではビジネス系YouTuberとして、YouTubeを使った稼ぎ方をお伝えしていきますが、最初に知っておいていただきたいのは「YouTubeには複数の稼ぎ方の選択肢がある」ということです。

まず、誰もが知る「広告収入」です。
広告収入は、視聴者が動画に表示された広告を見ると広告主からYouTubeに広告料が支払われ、その一部が動画投稿者に還元される仕組みのことです。YouTubeをやるうえで、世の中の人が最もイメージしやすい稼ぎ方だと思います。

ただ、YouTubeには広告収入以外にも稼げる方法──それこそ広告収益の10倍、100倍、1,000倍稼げる方法があるのです。
そして、その稼ぎ方は次の3カテゴリに分かれます。

> ●広告以外のYouTube内収入
> ●他社商品販売
> ●自社商品販売

それぞれのカテゴリには2～4つの方法論があります。トータル9つの稼ぎ方です。まずはそれを知って、**広告収入以外でも充分に稼げること**を認識しましょう。

●「広告以外のYouTube内収入」の4つの方法

YouTubeには広告収入以外にも4つの稼ぎ方があります。それは、「①スーパーチャット」「②スーパーサンクス」「③メンバーシップ」「④グッズ販売」です。

①スーパーチャット

スーパーチャット（スパチャ）は配信されている動画コンテンツに対しての投げ銭システムです。ライブ配信のみで通常のアップロード動画では使えません（プレミアム公開の動画では可能）。

ライブ動画を配信する中で、リアルタイムで視聴している視聴者から数百円～数万円の投げ銭をしてもらえます。YouTubeに30～50％の手数料を支払う必要がありますが、仮に10,000円を投げてもらえれば5,000～7,000円が入ってくる計算になります。

②スーパーサンクス

スーパーサンクスはスパチャに似た機能ですが、通常動画・YouTube Shortsの動画内にアニメーションを表示させられるサービスです（表示されるのは購入した視聴者に対してのみ）。

スパチャがライブ動画向けの機能なのに対して、スーパーサンクスは投稿動画に投げ銭ができる機能だと思ってください。カスタマイズ可能なコメントを投稿でき、コメント欄を目立たせることもできます。

動画投稿をすれば、こちらの収益を得られる可能性があります。

③メンバーシップ

メンバーシップ（チャンネルメンバーシップ）は視聴者が月額料金を支払うことでチャンネルのメンバーとなり、バッジや絵文字、その他のアイテム（動画やイベント）などのメンバー限定の特典を得られる制度です。YouTube内にオンラインサロンを作るイメージです。

相場としては月額300円〜1,200円くらいで、チャンネルによって設定金額は異なります。単価自体は小さいかもしれませんが、継続してもらうことによってサブスク的に収益を得ることができます。

④グッズ販売

グッズ販売は自分でグッズを作成して販売する方法です。

グッズ販売をするとなるとクリエイター側はグッズの在庫を抱えないといけません。売り切れればいいですが、そうでない場合は赤字です。

物によりますが、グッズ販売の利益率は平均して20〜30％くらいなので、仮に2,000円のTシャツを販売したら400〜600円が利益として入ってくる計算になります。

● 結局はYouTubeの広告収入で稼ぐのと一緒

以上、広告収入以外のYouTube内での4つの稼ぎ方をお伝えしましたが、正直に言ってこれらの方法はおすすめしません。というのも、この4つの方法はどれも **視聴者の母数が必要** になるからです。

スパチャもスーパーサンクスもメンバーシップもグッズ販売も、結局は視聴者が「投げ銭したい」「もっとこのYouTuberとお近づきになりたい」「推しに貢献したい」と思うことで自発的に行ってくれます。

つまり、**稼ぐためにはファンが必要で、ファンがどれだけお金を投げるかによって収入が変わってくる**のです。

ファン化の性質として、アイドル的なファン化ができていれば広告収入以上に稼げるかもしれませんが、ファンの母数を増やさないといけない以上は再生回数を増やして広告収入を得る通常の稼ぎ方と仕組みは同じなのです。

さらに言ってしまえば、YouTubeに手数料を支払わなければいけない

ものもあるため、ファンが払ってくれた金額がそのまま収益になるわけではありません。

単価は広告収入に比べると高いですが、**単発で終わる可能性が大きい**ので継続性や安定性があるかというと、そうではありません。

決してこれらの方法を否定するわけではありませんが、本書でお伝えする稼ぎ方と比べると、あまりおすすめできないのです。

●「他社商品販売」の2つの方法

他社商品販売での稼ぎ方は**「⑤アフィリエイト」「⑥企業案件」**です。

⑤アフィリエイト

アフィリエイトは成果報酬型広告とも呼ばれ、広告経由で商品が購入されると成果に応じた報酬を得られるシステムです。

自社サイトやブログなどでの活用が有名ですが、YouTubeで言えばYouTuberがある商品を動画内で紹介し、商品の購入用URLを動画の概要欄に添付しておきます。

すると、興味を持った視聴者が広告サイト経由で購入したとき、その売上に対してパーセンテージで収益を得られます。

アフィリエイトは、言うならばYouTuberが「その商品の営業マン」になって、代わりに販売する対価として収益を得る方法です。

キックバックされるパーセンテージも3％程度から100％に近いものまでありますし、商品自体がたくさんあるのでおすすめです。1件売れるだけで10,000〜20,000円をもらえるアフィリエイトもあるので、チャンネル登録数や再生回数が少なくても月収50〜100万を目指せるビジネスモデルの1つでもあります。

営業販売する商品も多岐にわたり、Amazonや楽天市場の商品も販売

できますので、かなり幅広く展開ができます。

　既存商品を売るわけですから自分で商品をデザインする必要もなければアフターケアの必要性もなく、ちゃんとした商品であれば売りっぱなしが可能です。また、自分の好きなタイミングで動画をアップし、販売できるメリットもあります。

⑥企業案件

　企業案件は、企業が製造・販売した新商品の感想を言ったり、商品の特徴を説明したりする動画を投稿するものです。これはYouTubeを見ていればよく見かけるやり方ではないかと思います。そのYouTuberのファンの人に、企業の製品を知ってもらおうというわけです。

　案件の特徴は、アフィリエイトのようにURLを添付して売上をパーセンテージでもらう方法の他に、企業案件用動画の再生回数×1〜10円程度で報酬が決まる方法があり、事務所に所属するようなYouTuberになれば、動画1投稿に対して何十万円なんてこともあります。

　ちなみに私自身も企業案件で投稿した動画の再生数が伸び、100万円ほど稼いだことがあります。

● やっぱり視聴者数が必要

　今まで紹介した中で、**アフィリエイトは比較的視聴者数が少なくても稼げます**が、キックバックの単価もそこまで高額にはなりにくいので、視聴者数や再生回数が多いほうが、より多くの金額を稼ぐことができます。

　企業案件についても同じで、うまくいけば稼げますが、やはり**再生回数が必要**です。私が1件の動画で100万円を稼いだときの単価は1再生0.5円でした。

　これにアフィリエイトの収入もプラスされて100万円まで行けたわけ

ですが、それでもアフィリエイトにつなげるための再生回数が必要だったことに変わりはありません。

それに、そもそも企業がYouTuberに案件を依頼する際には「影響力のある人」を依頼対象にします。チャンネル登録者数も再生回数もパッとしない人に依頼しても、営業効果に結びつかないからです。

必然的に==「チャンネル登録者が多いYouTuber」==か==「チャンネル登録者は少なくても動画の再生回数が多いYouTuber」==のところにしか依頼はいかないのです。

さらに、企業案件はこちらからの希望ではできません。「明日、企業案件をやりたいです！」と手を上げても、依頼がなければ無理です。

安定的に案件が来るYouTuberとなると、やはり影響力が大きい必要がありますので、そうでない場合、仮に単発で稼げたとしても継続は難しいと言えます。

●「自社商品販売」の3つの方法

本書では「⑦物販」「⑧店舗集客」「⑨コンテンツ販売」のことを広義的に「自社商品販売」と称していきます。自分自身が持っている商品を売るビジネスモデルだと思ってもらえればと思います。

⑦物販

物販は、すでに**販売商品を持っている人がYouTubeを通して視聴者をファン化し、集客して販売する方法**です。自動車（車、バイクなど）、不動産、アパレルなど自社や自分がデザイン・設計した商品を動画で紹介し、集客します。

私がこれまでにプロデュースしてきた中にも自動車販売業や不動産業の方が何人もいましたが、その経験を通じて私が感じたことは「YouTube

ではモノが売れる」ということです。

　稼げる額は商品の単価次第になりますが、例えば車であれば1台売れるだけで何百万円、不動産であれば何千万～億単位の売上につなげることができます。実際にチャンネルを作成して3ヶ月で売上が1億円を突破した方もいるくらいです。

　詳しくは後述しますが、たとえ**再生回数が少なくても1人のお客さんに高額な商品を買ってもらえる**のであれば、YouTubeはやる価値があります。

⑧店舗集客

　店舗集客は物販と同様、すでに販売する商品を持っている状態でYouTubeを通して視聴者をファン化し、実店舗に集客します。

　整体や美容室、飲食店など「お客さん待ちの業種・業態」がYouTubeで動画を発信しているのを、あなたも見たことがあるかもしれません。

　例えば、整体であれば「腰痛を治すツボとツボの押し方」の動画、美容室であれば「こんな芋っぽい男子がヘアスタイルを変えてイケメンに変身した」動画、飲食店であれば「ご家庭でできるプロ顔負けの調理法」の動画などです。

　単にお店の紹介や施術の様子を見せるのではなく、YouTube視聴者向けの面白いコンテンツを作ることがポイントではありますが、うまくできれば**捌ききれないくらいのお客さんが来てくれる**ような状況を実現できます。

⑨コンテンツ販売

　コンテンツ販売は物販に似ていますが、商品を自分で開発します。しかも、有形のものではなく無形商材です。

　無形商材というと怪しく聞こえますがそうではありません。言い換えると、**「自分の持っているスキル・情報・ノウハウを売ること」**なのです。

世の中には自分の持つ情報を文章や動画、スクール、コンサルティングといったの形で販売している人がたくさんいます。
　コンテンツ販売プラットフォームのBrain（ブレイン）や、創作メディアプラットフォームのnote（ノート）、オンラインスクール販売のUdemy（ユーデミー）、文章発信・有料記事販売プラットフォームのTips（ティップス）など、聞いたことがありませんか？
　この辺りのサービスで販売されている商品は、無形商材に分類されます。

　コンテンツ販売の良いところは**原価率がほぼ0円**で済むところです。
　自分の情報を売るので100万円で売れたら100万円が丸々（もしくはそれに近い利益率で）自分のところに入ってきます。
　チャンネル登録者数10万人超えや100万人を超えているYouTuberにも多数コンテンツ販売を行っている人がいますが、これに関しては**チャンネル登録者数が少ない人でも勝負ができるフィールド**です。

　「自分が持っている情報」を市場のニーズを調査したうえで商品化し、販売することでより購買率が高くなる傾向がありますし、好きなタイミングで販売できるところもポイントです。

まとめ

再生回数が必要な稼ぎ方

投げ銭機能
① スーパーチャット
② スーパーサンクス

ファンコミュニティ
③ メンバーシップ
② グッズ販売

他社商品販売
⑤ アフィリエイト　⑥ 企業案件

再生回数が少なくてもOKな稼ぎ方

⑦ 物販

⑧ 店舗集客

⑨ コンテンツ販売

9割の人は
広告収入では稼げない

　そもそも、YouTubeで広告収入を得るためには条件があります。
　2024年10月現在、YouTubeでチャンネルを収益化するためには、
・チャンネル登録者数が1,000人以上
・過去1年間の有効な公開動画の総再生時間が4,000時間以上、もしくは過去90日間の有効なショート動画の再生回数が1,000万回以上
　という条件があります。

　スーパーチャットやスーパーサンクスは、条件が少し緩和されており
・チャンネル登録者数が500人以上
・直近90日間でアップロードした有効な公開動画が3本以上
・直近一年の有効な公開動画の総再生時間が3,000時間以上、もしくは直近90日間の有効な公開ショート動画の視聴回数が300万回以上
　となっています。

　まずこれらをクリアしなければ、動画を投稿しても収益化すらできません。これはそれなりに大変なハードルです。

　さらに、動画の再生回数も必要になります。
　広告収入だけで稼いでご飯を食べていくためには、もうすでに有名でファンもたくさんいるYouTuberと戦わないといけません。

　ここでは1つの基準として月収100万円を稼ぐとしましょう。
　広告収入の目安は通常動画で1再生あたり0.3円、ショートで0.015円です。1,000回再生されても通常動画で300円、ショートだと15円の収

益なのです。
　ただし、この単価も投稿した動画のジャンルや時期、チャンネル登録者数に左右されることがあります。もし、YouTubeがプラットフォームとして人気がなくなれば、大幅に単価が下がる可能性だってあります。

　現在の単価がしばらく続くとして、**月収100万円を稼ぐためには大体1日10万再生**くらいが必要になります。この再生数もジャンルによって7〜8万回、12〜13万回と差があります。

　あなたは、自分の動画が1日で10万回近く再生されるのを想像できるでしょうか？
　1ヶ月ではなく、1日です。
　それもかつての人気YouTuberたちの再生回数が軒並み落ち込んでいる今の状況で、です。

● ジャンルによって視聴者人口の多い／少ないがある

　そもそも、**動画はジャンルによって視聴者の母数が違う**ことを皆さんは気づいていらっしゃるでしょうか。
　例えば、「エンタメ」のジャンルと、「石ころ」のジャンルが存在しているとします。この2つのジャンルの視聴者人口が同じだと思いますか？

　そんなわけありませんよね。冷静に考えれば当たり前なのですが、皆さんこれを忘れがちです。そもそも見たい人が少ない「石ころ」のジャンルは、どんなに素晴らしい動画を制作したとしても、再生数は伸びにくいでしょう。
　それすなわち、「石ころ」のジャンルに参入したとしても、100万円を広告収入で稼ぐのはほぼ無理ということです。

　「それならばエンタメジャンルに参入しよう」と考える方もいるかもし

れませんが、ちょっと待ってください。

　視聴人数が多いジャンルは、再生数が取りやすいジャンルです。再生数が取りやすいということは、**ライバルも多くなっている**ということです。

　これに関しては、肌感で分かりますよね。だからみんな再生数が落ちて、広告収益の減少に苦しんでいるのです。

　最近ではテレビに出ていた芸能人までもが、当たり前にYouTubeに参入してきています。彼らと再生数で勝負をしても、勝つどころか、いい勝負をすることすらままならないでしょう。

　今からYouTubeを始めて広告収益で稼ぐとなると、想像を絶する努力が必要になります。その努力をしても、稼げない可能性のほうが高いかもしれません。

　そんな熾烈な戦いが繰り広げられているYouTubeの世界で、稼ぐ方法がまだあります。

　私はその方法で、10日で1億稼ぎました。

　それが、本書でお伝えする方法です。

まとめ

月収100万円を稼ぐには？

再生単価

	1回あたりの再生単価目安
通常（ロング）動画	0.3円
ショート動画	0.015円

毎日投稿するとして、1日あたり、約 10万再生 が必要になる

※ジャンルによって数字は異なる

ジャンルによって視聴者人口の多い／少ないがある

視聴者人口　多
- エンタメ
- ゲーム実況
- ダイエット
- 犬・猫
- 音楽
- 英語

……等

好きな人が多い、広いジャンル
ライバルが多い！

視聴者人口　少
- YouTubeビジネス
- 歴史
- ネイル
- ラテン語
- プラモデル
- 猿

……等

好きな人が限られる絞られたジャンル

週1回投稿、ニッチなジャンルで 1億円稼げた戦略

ここからは、実際に私が**「週1回投稿」**で**「YouTubeを伸ばすことをテーマにしたニッチなジャンル」**で**「10日間で1億円」**を稼いだ方法について解説していきます。

ちなみに、YouTubeの広告収入で1億円を稼ごうと思ったら約3億4,000万回ほどの再生回数が必要です。ジャンルや動画の長さによっても変わりますが、平均値としてそのくらいの再生回数がないと1億円には届きません。

トップクラスのYouTuberであるHIKAKINさんでも1ヶ月トータルでそこまで再生されません。というか、日本のYouTuberではそんな人はほぼいないと思います。

私のチャンネル登録者数は約10万人、再生回数も平均で数千〜数万回レベル。つまり、広告収入で1億円を稼いだわけではありません。

スパチャで稼いだのか、メンバーシップがとんでもなく増えたのか、スーパーサンクスをたくさんもらえたのか、グッズ販売をしまくって稼いだのか、企業案件をやりまくったのか？

どれも違います。

私が1億円を稼げた方法──それが前述した**「自社商品販売」**の**「⑨コンテンツ販売」**です。

私がプロデュースしてきた方々の中にも、YouTubeを始めて3ヶ月ほどで月商1億円を達成した方がごろごろいます。

●「自分」がお金に変わる

「コンテンツ販売」とは「自分の持っているスキル・情報・ノウハウを売ること」だと前述しましたが、ここでもう少し踏み込んでみましょう。

　世の中にはコンテンツをサービスとして提供する企業もたくさんあります。例えば、進学塾。「受験の攻略法」という情報を売っていますよね。先生がスキルを使って「勉強の解説」もしてくれます。スタイルもさまざまで授業形式やマンツーマンで教えることなどの「体験」をセットにしている場合もありますが、情報を売っていることに変わりはありません。

　他にも、英語塾やパソコンスクール、ダイエットスクール、栄養管理スクール、オンラインサロンなども講座を通して情報と体験を販売しているコンテンツ販売のカテゴリーに入ります。

　カクテル講座やゴルフ講座などの動画系、オンライン占いや恋愛カウンセリング、コミュニケーション上達レッスンなどのカウンセリングもコンテンツです。

　さらには、モテる男や女になるためのレッスンやナンパの成功率を上

コンテンツ販売の例

栄養管理	ダイエット	モテる方法	パソコン講座	英語講座	受験講座	占い
副業系コンサル	筋トレ	整体	エクセルの使い方	コミュニケーション	恋愛カウンセリング	書道講座
カクテル講座	スタイリングコンサル	ブログの稼ぎ方	インスタの伸ばし方	TikTokの伸ばし方	ゴルフ講座	オンライン集客

げる方法、PV数が爆上がりするブログの書き方といった文章テキストも一時期流行しました。

これら「無形商材」と呼ばれるものは**自分で作成する**ことができ、さらに数千円〜数万円で販売することができます。noteやUdemyなどを参考にしてもらえればわかりますが、特にインフルエンサーとして活動しているわけでもない人が販売しているものもよくあります。

そして、これも前述したことではありますが、自分を使った商品や自分の情報を使った商品であれば利益率99%も夢ではないので、売上がほぼそのまま利益として受け取れます。
さらに、売りたいときに売る／売りたくないときに売らない、という選択肢も生まれます。**売上のコントロールを自分で全部できてしまう**のです。

自社商品販売なら少ない再生数でも稼げる

物販、店舗集客、コンテンツ販売——これらの**最大のメリットは再生数が少なくても、大きな金額を稼げること**です。
広告収入も含めた他のYouTubeで稼ぐ方法は、基本的は動画の再生回数が不可欠な世界でした。しかし、自社商品販売の場合は違います。必ずしも再生回数が必要ではありません。**再生回数と売上が直結しない**のです。

もちろん「再生回数が少なくてもいい」とは言いません。
多いか少ないかで言えば再生回数は多いに越したことはありません。ですが、「再生回数が少なくても稼げる」「一般人でも勝負ができる」のが魅力です。
実際に私が1億円を稼いだときの再生回数はたった2,000回でした。それ以外にも過去に数千万円を稼いだことがありますが、そのときでも

再生回数は3,000～4,000回でした。

　なぜ自信を持って再生回数が少なくても稼げると断言できるかというと、自社商品販売では再生回数の"考え方"自体が他の方法とは異なるからです。

　自社商品販売では**2,000回の再生回数は「2,000人に対して営業を行った」と考えます。**

　2,000人に飛び込みで営業するのが、どれだけ大変か、想像できるでしょうか。セミナーや講演会などのイベントで考えてもわかりやすいかもしれません。2,000人が、あなたの話を聞きに集まっている状況です。もし、好きなアーティストがいれば、彼らのライブ会場の席数を調べてみてください。LINE CUBE SHIBUYA（渋谷公会堂）のキャパが約2,000人ですから、一般人がそれを埋めるのは不可能に近いでしょう。

　たった1つの動画で、それだけの規模のアピールができたと考えると、お得だと思いませんか？

　そして、仮に2,000人の内の1％しか買ってもらえなかったとしても20人です。販売する商品が仮に5万円だとすると、売上は100万円にのぼります。5万円のコンサルティングであれば、自分にもできそうな気がしませんか？

　もしも商品単価が50万円だとしたら1,000万円、500万円だとしたら1億円を達成できることになります。

　夢がありますよね。

　このように自社商品販売では再生回数に着目するよりも、まず、**少ない再生回数でも稼げる仕組みを作る**ことが大事になることがおわかりいただけると思います。

まとめ

コンテンツ販売とは

自分のスキルや情報、ノウハウを、「教材」として販売していく手法。

| YouTubeマスターD | | ・YouTubeの登録者数を伸ばす方法
・サムネイルの作り方
・動画編集講座 |

| 3ヶ月で10キロやせたことがある人 | | ・3ヶ月で5キロ痩せる筋トレ
・糖質オフレシピ |

コンテンツ販売は再生数が少なくても稼げる

自分のスキルや情報、ノウハウを、商品化。
YouTubeの再生単価より高い単価で販売。

動画の2,000回再生＝2,000回の営業！

購入に至ったのが1％だとしても
大きな金額を稼げる！

YouTubeマスターD式 プロダクトローンチとは？

では、少ない再生回数でも稼げる「仕組み」とは何か？

それがこれからお伝えしていく「YouTubeマスターD式プロダクトローンチ（以下D式）」です。

プロダクトローンチとは、商品や新サービスを市場に投入する際のマーケティングプロセスのことで、商品が発売する前から情報を小出しにし、見込み客を集めて商品を販売する手法です。これを簡単に言い換えると、商品の発売前から「買ってくれる」お客さんを作りましょう、ということです。

このプロダクトローンチには3つのフェーズがあります。

> フェーズ1：見込み客を集める
> フェーズ2：集客した人たちを教育する
> フェーズ3：実際に販売する

プロダクトローンチ

集客　教育　販売

例えば、名作ゲームシリーズの最新作が発売されるとしましょう。

その際、たいていの場合、1年前くらいにトレーラー映像（予告映像）の配信を行います。

このタイミングで、歴代のファンやゲーム好きの方の興味を引き、話題化することで**見込み顧客、つまり、今後この作品を買ってくれる可能性のあるお客さん**を集めます。

ただし、ゲームが発売されるのは1年後ですから、だんだんとお客さんはこのことを忘れていってしまいます。

そのタイミングで、プレイ動画や予約特典などの情報発信、見込み顧客と商品をつなぎこむプロモーションを行うことで、見込み顧客を教育し、実際に商品を買ってくれる顧客に育てていくのです。

こうすれば、商品が発売されるタイミングには**一定数の売上が見込めます**し、鳴かず飛ばずであっという間に失敗、ということも少なくなります。

このように、**商品の認知を獲得し集客→見込み顧客を顧客にするための教育→発売（ローンチ）**という流れが、商品が売れるまでの鉄板の流れです。

事前に大々的なプロモーションをせず、販売時に店頭で認知を獲得していくような方法もありますが、集客の際にプレスリリースを打ってネット記事を拡散したり、予告動画を制作したりして、事前に告知をしてお客さんを集めておくのは、マーケティングの基本のやり方です。

● YouTubeマスターD式では YouTubeを最大限に活用する

とはいえ、ビジネスの規模が小さかったり、個人で行ったりする場合は、企業が行うような大規模な施策を実行するのは難しいでしょう。

そこで登場するのが、YouTubeマスターD式のプロダクトローンチです。

D式のプロダクトローンチでは、YouTubeを最大限に活用します。プロダクトローンチにおける、**集客から教育までを完全にYouTubeに任せる**のです。
　YouTubeで綿密に教育し、**自分の濃いファンになった人たちをLINEに誘導、LINEでイベントや販売の告知**をして、**「ほぼ確実に買ってくれる人を集める」**方法です。

　プロダクトローンチの知識がある方にとっては少し違和感のある手法かもしれません。今まで、プロダクトローンチにおけるYouTubeの役割と言えば、集客が主でした。「YouTubeで認知拡大→LINEで教育し濃いファンにしていく」といった流れです。
　ですが、この考え方はもう古いです。YouTubeで集客をしてLINE登録をしてもらい、LINE上で信頼構築や価値の提供をする活動では**再生回数を最大化できず、そもそも人が集まらない**のです。

　そうではなく、**最初の入り口であるYouTubeの時点で信頼を構築し、価値提供をして視聴者に「ファン」**になってもらいます。
　その上で集客してLINE登録を促すのがD式です。LINEはあくまでも商品を販売するためや告知するためのツールに過ぎないと考えてください。
　ですから、D式では**YouTubeの動画で売上の9割**が決まります。信頼の数が販売の数と比例します。

本当にオワコン？ YouTubeを活用する4つのメリット

中には「YouTubeってもうオワコンじゃないの？ なんでYouTubeなんて今さら活用するの？」と思った人もいるでしょう。

ですが、私的にはYouTubeはまったくオワコンではありませんし、むしろまだまだ稼げるプラットフォームとして活用するメリットがあると考えています。

メリット1：他のSNSより信頼度が高い

Instagram、X（旧Twitter）、Facebook、TikTokなど世の中にはいろいろなSNSがありますが、この中で最も信用度が高いと世間に思われているプラットフォームがYouTubeです。

その理由の1つめは、**テレビという機器を通じてYouTubeを見る人が多い**ことが挙げられます。

日本経済新聞の記事によると、2023年末の時点でテレビを通じたYouTubeの月間ユーザー数が3,800万人を超えたそうです。日本の世帯数が約5,500万ですから、約7割の家庭がテレビでYouTubeを見ている計算になります。

そもそも、媒体として世間の信用度が非常に高いのがテレビです。

総務省の2021年の調査によるとメディアに対する信用について「テレビ」は「新聞」に次いで第2位の53.8％でした。

そんな信用されている機器を使ってYouTubeを見ているということは、もはや**YouTubeはテレビ番組と同質**のものとして見られているプラットフォームと言えると私は考えています。

実際に、他のSNSでも有名インフルエンサーはたくさんいますが、テレビ出演を多く果たしているのはYouTuberです。

HIKAKINさん、はじめしゃちょーさんなど、テレビに出演しているYouTuberはたくさんいますし、芸人→YouTuberとしてブレイク→テレビ出演という流れになった人も少なくありません。彼らは芸能人と変わらない信頼度のある人たちと言えます。

メリット2：他のSNSより可処分時間を多く奪っている

メリットの2つめは信頼度にもかかわってくるものですが、他のSNSと比べてYouTubeは**視聴者の可処分時間を多く使わせる**プラットフォームであることです。

可処分時間とは「自分で自由に使える時間」のことです。

例えばInstagramやTikTokなどは、1本の動画視聴時間が1〜2分です。その分、数をたくさん稼ぐことはできますが、視聴者が使う可処分時間は短いものとなります。

一方でYouTubeは1本の動画が10分、20分が当たり前の世界です。特に本書を執筆している時点では長尺動画が推奨されていますので、30分や45分、60分を超える動画がたくさんアップロードされています。当然、使う可処分時間は大きくなります。

信頼は可処分時間をどれだけ使うかで生まれます。そのような意味で、視聴者から最も多く可処分時間を奪えるYouTubeは他のSNSよりも信頼を構築しやすいプラットフォームと言えます。

メリット3：他の媒体に水平展開をしやすい

YouTubeで作った動画を他のSNSで再利用できるのも大きなメリットの1つです。

YouTube用に長い動画を1本作ったら、その動画の中からスライド素材を作る、ショート動画で1分以内にまとめるなどして簡単に投稿が可能です。切り取ってXやInstagramなどに投稿する、文字起こししたも

のをベースにブログ記事にする、音声コンテンツにして音声プラットフォームVoicy（ボイシー）で配信する……など方法もさまざまあります。

逆にInstagramやTikTokに投稿した動画やスライドをYouTubeに投稿しても、ショート動画にしかなりません。ショート動画は再生数が稼ぎやすいですが、1回あたりの再生単価は非常に安いです。

要するに、他のSNSに水平展開することを考えたときに、最も動画を作る価値が高いのがYouTubeなのです。

メリット4：他のSNSより戦略の幅が広い

今のYouTubeではショートでチャンネルの認知を稼ぎ、通常動画で視聴者を教育してファン化させる方法が主流の戦略ですが、中にはスパチャでとんでもない金額を稼ぎ出す配信者もいます。アフィリエイトなど、ほかにも稼ぐ方法はあるわけですから、それぞれ**自分のスタイルに合った稼ぎ方を選んだり、組み合わせたりして幅広い戦略が取れる**のがYouTubeの魅力です。

他にも実は「TuneCore（チューンコア）」というディストリビューションサービスを使った稼ぎ方もあります。TuneCoreは楽曲をSpotify（スポティファイ）やApple MusicやYouTubeなどのプラットフォームに音楽配信をしてくれるサービス。楽曲を自作して、その曲をTuneCoreを使って配信することで、YouTube上で自分の楽曲をBGMや効果音として使えるようになるのです。

これを自分のショート動画で活用すれば広告収益に著作権料が上乗せされますし、他のインフルエンサーに使われれば、ものすごくバズって稼げる可能性もあります。

こう考えるとYouTubeがオワコンでも何でもない、まだまだ稼げるプラットフォームだということがわかるでしょう。

まとめ

メリット1
他のSNSより
信頼度が高い

TVではYouTuberを
見かけるのが当たり前に！

メリット2
他のSNSより
可処分時間を多く奪っている

動画1本で
信頼度があがりやすい！

メリット3
他の媒体に
水平展開しやすい

動画1本から
複数の投稿が可能に！

メリット4
他のSNSより
戦略の幅が広い

○○×○○

「アフィリエイト×スーパーチャット」など、
組み合わせて
自分に合ったスタイルに！

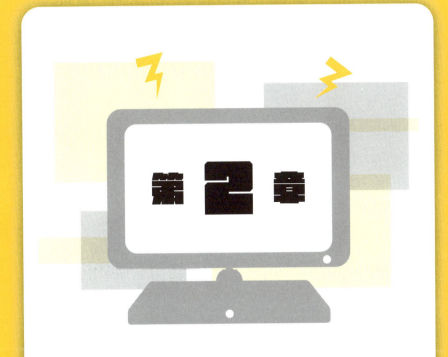

第2章
稼ぎの9割を決める!ジャンル選定とコンセプト設計

まずはYouTubeチャンネルを開設しよう

　ここからは具体的なノウハウに入っていきます。
　ビジネス系YouTuberとして稼ぐためには**「ジャンルの選択」**と**「チャンネルのコンセプト設計」**が何より大事になってきます。
　ここをミスすると、稼げるはずのものも稼げない事態になってしまいかねませんので、しっかり本章を参考にしてください。

　念のため、大前提となるYouTubeを始める方法について簡単に書いておきます。
　最初に行うのが「Googleアカウント」の作成です。
　アカウント作成ページにアクセスして「氏名」「年齢」「性別」「Gmailアドレス」「パスワード」を設定・登録するとアカウント登録が完了します。

　アカウントができたらGoogleアカウントを使ってYouTubeにログインし、プロフィール写真から「チャンネルを作成」をクリックしてください。するとチャンネル作成を促すメッセージが出ますので、あとは手順に沿って作業を行えばOKです。

　これらはインターネットで「YouTubeチャンネル開設」などで検索するとすぐに出てくる情報ですので、参考にしてみてください。

成功と失敗を分けるのは「ジャンル選定」

チャンネルの開設ができたら次にしなければいけないのが**「ジャンル」の設定**です。

このジャンル選定がとても重要で、**ジャンルを間違いなく設定することが成功のほとんどを握っている**と言っても過言ではありません。

一例として、YouTubeには次のようなジャンルがあります。

【YouTubeジャンル例】
- エンタメ／バラエティ　・Vlog（ビデオブログ）
- ゲーム実況　・マンガ／アニメ　・Vチューバ―
- 音楽　・商品紹介／商品レビュー
- メイク／ファッション　・料理　・大食い
- 教育　・政治／ニュース　・ビジネス
- フィットネス　・ハウツー　・アウトドア
- カップル　・ペット　・キッズ／ファミリー
- 乗り物　・ギャンブル　・アダルト

一覧を見るだけでもなんとなく動画投稿をしている人たちのイメージが浮かぶのではないでしょうか？

これらはあくまでも一例で、ジャンルは他にもありますが、特によく見られているものを中心にリストアップしました。

ジャンルの考え方を改めろ!

　ここで、YouTubeをビジネスに活用していくのであれば、絶対に注意をしてもらいたいことがあります。
　それは、**「ジャンルをざっくり捉えてはいけない」**ということです。
　そもそもYouTubeでうまく稼げない人のほとんどが、「ビジネス」「ゲーム実況」「ダイエット」「料理」のようにジャンルをざっくりと捉えてしまっている傾向にあります。

　わかりにくいと思うので、具体的に「ダイエット」を使って説明しましょう。
　みなさん、「ダイエット」と言われたらどんなものが思い浮かびますか?
　ジムに通ったり、ファスティングをしたり、様々な方法が思い浮かぶと思いますが、それはこの「ダイエット」という言葉が最も大きな概念だからです。

「ダイエット」という概念を大まかに分けると「運動系」「食事系」「医療系」の３つが代表として挙げられると思います。
　他にも、「期間」の切り口も考えることもできます。「３ヶ月で痩せる」ダイエットと、「２年かけて痩せる」ダイエットではやり方も違うはずです。
「キレイにスタイルアップして痩せる」「健康的に痩せる」なども切り口の一つです。

　このように、「ダイエット」一つとってもこれだけの細分化が可能です。そして、それぞれの手法によって、**求めている人が違う**のです。
　つまり何が言いたいかというと、**YouTubeにおいてもジャンルを細分化して考えてほしい**ということです。

「ビジネス」の分野であれば、ダイエットよりももっと広いです。業界で切り口を分ける方法もあれば、マーケティングやマネージメントといった概念で切り分ける方法もありますし、私のように「YouTube」などの媒体で切り分けることもできます。

ちなみに私はこの「YouTube」の中で、「YouTubeの登録者数の伸ばし方」というコンセプトに絞ってチャンネルを運営しています。ほかの選択肢を上げるとしたら「YouTube広告」や、この本のように「YouTubeで稼ぐ方法」などになります。このコンセプト設計も重要なので、このあとの項目でお伝えしていきます。

YouTubeのチャンネル設計を考える際には、**ジャンルは細分化して捉え、「自分はどこで戦うか」**を最初に考えてほしいのです。

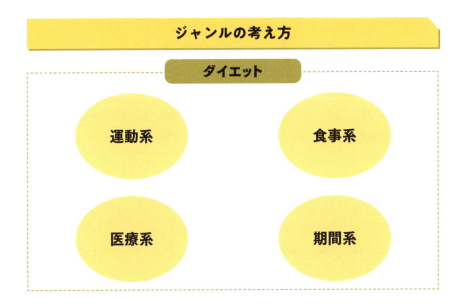

ジャンルの考え方

● 「好きなジャンル」よりも「稼げるジャンル」で選ぶ

　ジャンル選びを行う際には、もう1つ注意点があります。それは「好きなジャンルを選んではいけない」ということです。
　「好きなことで、生きていく」というYouTubeのコピーが有名になりましたが、それもあってかゼロからYouTubeを始める人は、「好きなもの」でジャンルを選んでしまいがちです。
　ですが、これをすると再生回数も登録者数も伸びずに失敗、という展開になる可能性が非常に高くなってしまいます。

　人間が好きになるものの傾向は似通っているものです。
　例えば、私はゲームが好きですが、「ゲーム実況」のジャンルでYouTuberをしたとしても失敗する自信があります。
　ゲーム実況は視聴者人口が多いジャンルで、稼げるジャンルではありますが、もうすでに人気のチャンネルが固定化しています。私のYouTubeの知識を持ってしても、戦うのは難しいでしょう。
　みんなが好きなジャンルは需要（視聴者）よりも供給（YouTuber）のほうが上回っているという前提意識を持ってください。

　このようなジャンルで人気者になっているYouTuberの多くはプレイスキルが高かったり、独特なプレイスタイルを持っているなど、特筆できるポイントを持っているものです。よっぽどの自信がない限りは、参入するのはおすすめしません。

　さらに、好きなものでジャンルを選んでしまったときにありがちなのが、「**実は自分だけが好き**」というパターンです。
　自分だけというと言いすぎかもしれませんが、要するに**マニアックすぎて他の人が共感しない・興味を持てない**ことがよくあるのです。
　例えば、海岸に流れ着いた「流木」を集めるのが趣味の人がいるとし

ます。その人にとっては、「形のいい流木を見つけて乾燥させ、ニスを塗る」などの加工をして飾るのが楽しくて仕方がありません。

　さて、その楽しさをYouTubeで発信したとして、果たしてどのくらいの人がその人の動画を見るでしょうか？

　なんとなく少ない気がしませんか？（もちろんヒットする可能性はゼロではありません。）

　好きなことを発信するのにはメリットもあります。基本的には楽しいことなので、モチベーションは保ちやすいのです。もしも同ジャンル内で他に発信している人が極端に少なかったり、いなかったりすればその分野を独占できるかもしれません。

　しかし、このやり方は運ゲーに近いです。

　私はYouTubeで確実に稼ぎたいと思うなら、**「稼げるジャンル」に参入していくのが賢い方法**だと思います。

「YouTubeマスターD」

　少し話が脱線しますが、私（YouTubeマスターD）は「YouTubeの登録者数を伸ばす方法」を発信しているビジネス系YouTuberですが、私自身はYouTubeがそんなに好きなわけではありません。

　プライベートでYouTubeを見ることはほとんどありませんし、バズっている動画を見ても楽しめないことがよくあります。

　そんな私がなぜYouTubeをやっているか。

　答えは**「稼げるから」**。今の私にとってはこの方法が最も稼げるのです。つまり、**私自身が「好きなこと」ではなく「稼げること」でYouTubeをやっている人間の1人**なのです。

　逆に言えば自分がYouTubeにのめり込んでいないからこそ、客観的な視点を持って分析ができ、YouTubeプロデューサーという仕事ができているのだと思っています。

まとめ

YouTubeのジャンルは細かく捉える

例

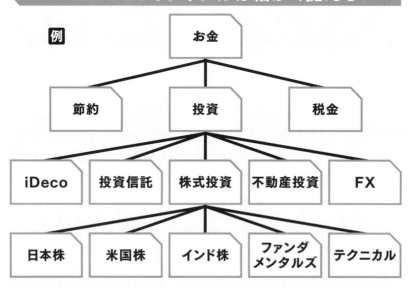

お金
├ 節約
├ 投資
│ ├ iDeco
│ ├ 投資信託
│ ├ 株式投資
│ │ ├ 日本株
│ │ ├ 米国株
│ │ ├ インド株
│ │ ├ ファンダメンタルズ
│ │ └ テクニカル
│ ├ 不動産投資
│ └ FX
└ 税金

ジャンル選び

 稼げるジャンル　>>>　好きなジャンル

p.69、70で公開中！

供給過多
なことが多い。
戦っていくのが大変。

Q「それが好きなのは自分だけではないか？」
問いかけてみよう。

「稼げるジャンル」と「稼げないジャンル」

ここまででジャンル選びの重要性についてはわかってもらえたと思います。次に、どんなジャンルに参入すべきかを考えましょう。

前述の通り、YouTubeには「稼げるジャンル」と「稼げないジャンル」があります。

本書では**「D式・稼げるジャンル」**として、今おすすめできるジャンルを一覧にして掲載しています。

ただ、1つお願いがあります。
いきなりそこには飛ばないでもらいたいのです。

なぜなら、本書を手に取って頂いた皆様には、**自分でジャンルを探す力を身につけてもらいたい**と思っているからです。

私は、今後もYouTubeへの参入は増えると予想しています。そうなればここで紹介したジャンルも飽和していくでしょう。

そのときに、探し方をわかっていれば、自分で次のフィールドを見つけて移ることができます。

そこで、稼げるジャンルと稼げないジャンル、それぞれに共通するポイントをお伝えしますので、特徴を理解してください。

● 稼げないジャンルの「4つの共通点」

まずは稼げないジャンルの共通点からです。
以下の4つに当てはまっているものは、稼げない可能性が高いジャンルです。

> 1. 有名人以外で「再生回数が多い動画」が見つからない
> 2. 長期間まともに運営しているのに伸びていないチャンネルがある
> 3. 広告がついていないチャンネルが多い
> 4. 採算が取れない

1. 有名人以外で「再生回数が多い動画」が見つからない

まず、あなたが参入したいジャンルで、こんな動画があったらいいな、と思う「ネタ」を検索してみてください。検索結果に**再生回数が多い動画が複数存在すれば基本的には需要があるテーマ**です。

ただし、このときに注意してほしいのが、そのテーマで**再生数を取れているのが、すでに有名なYouTuberや芸能人のチャンネルばかりでないか**どうかです。

ためしに「ヒューマンビートボックス」で検索をしてみてください。検索上位に、人気アーティストやYouTuberの動画が上位表示されると思います。

そこからフィルタ機能（P.64）を使って「アップロード日」を「今日」や「今週」にしてください。下に画面をスクロールしていくと、まったく再生回数が上がっていない動画が山のように見つかると思います。「タ

イトルやサムネイルが悪いのでは？」と考えるかもしれませんが、中にはちゃんとしたサムネイルやタイトルのものもあるはずです。

ということは「動画の中身がひどいから登録者数も再生回数も少ないわけではない」ということがわかります。

つまり、「ヒューマンビートボックス」というジャンルは、すでに「その道で人気の人」の動画以外は再生されにくい状況というわけです。

有名YouTuberや人気芸能人は「すでに多くのファンがついている」人たちです。その人たちであれば再生されるネタも、まったく無名のあなたが投稿すれば、ほとんど再生されないことは想像に難くありません。

ちなみに、YouTubeの再生回数を増やすための大事な要素として**「他の動画の関連動画に載る」**というのがあります。

有名YouTuberが流行りのネタをやった場合には、有名・無名を問わず多くのYouTuberが同じネタを扱い、関連動画が爆発的に増えてしまいます。するとライバルが一時的にものすごく増えるため、関連動画に載るチャンスが大幅に下がります。

せっかくニーズのありそうなジャンルやネタを見つけたとしても、そこで知名度の低いYouTuberたちがある程度の再生回数を得られていないのであれば、即座に参入を決めるべきではないのです。

2. 長期間まともに運営しているのに伸びていないチャンネルがある

ジャンル自体のニーズを調べるときに、すでにそのジャンルに参入している先発のYouTuberを参考にするのは一番の方法と言えます。

先発のYouTuberの状況を見ることで、自分が参入した場合に**どれくらいのチャンネル登録者数を狙えるか、再生回数を獲得できるか**の見当をつけられるからです。

ただし、それぞれのジャンルには**「再生回数の限界値」**というものが存在します。エンタメ系とビジネス系では、限界値が全く異なるのは想

像しやすいのではないでしょうか。

　例えば、私のチャンネル「YouTubeマスターD」は「YouTube攻略」のジャンルでは日本一です。ですが、再生回数は多くても30万回で、平均だと1万回前後というところです。
　視聴者の中には「こんな再生回数で日本一なの？」「HIKAKINくらい伸びてから人に教えろよ」とコメントする人もいますが、これらのコメントは、本質的にズレています。そもそも、ジャンル人口自体が違うのです。
　ですから、あまりニッチすぎるジャンルを狙うと早いうちに頭打ちになる可能性があることを知っておきましょう。

　先発のYouTuberの状況を調べて、そのチャンネルが長期間まともに運営されているのに再生回数があまり伸びていないとしたら、そこがそのジャンルの天井だと推測できます。
　実際に私が2018年11月からチャンネルを始めたとき、先発のYouTuberのチャンネル登録者数は5万人ほどでした。
　私はその時点で「YouTube攻略」のジャンルの限界値はそのくらいだろうと確信し、運営を始めました。現在、私はチャンネル登録者数10万人で倍近くまで伸ばせましたが、おそらくこれが限界値だと今は推測しています。

　裏を返せばYouTubeを始めるときに**限界値を知らずに「たったこれだけしか伸びない……」と考えるのは早計**だということでもあります。
　その人が選んだジャンルでは再生回数1万回が実はすごいことなのに、他のもっと伸びるジャンルと比較して自分がダメだと思ったり、辞めてしまったりするのは非常にもったいないです。ベンチャー企業の社長の給料と堅実なサラリーマンの自分の給料を比べて落ち込むようなもので、意味がありません。

3. 広告がついていないチャンネルが多い

　本書は、広告収益で稼ぐことに重きを置いてはいませんが、動画の再生数が回るジャンル＝収益化しやすいジャンル＝ニーズの多いジャンルということになります。

　つまり、**広告がついていないチャンネルが多いジャンルは、ニーズが少ない**ということです。

　一方で、再生回数が多く登録者数もそれなりにいるのに収益化していないチャンネルが多いジャンルもあります。

　それらの動画ジャンルは**そもそもYouTubeのガイドラインに違反するジャンル**に該当する可能性があるので、参入するのはやめましょう。参考までに明記されている2種類を紹介します。（明記されていないものでも収益化できないチャンネルも存在しています）

①繰り返しの多いコンテンツ

　人間の手を加えずに機械が自動的に生成できてしまうようなコンテンツや、インターネット上のニュース記事を機械音声で読み上げただけの動画のようなものは「繰り返しの多いコンテンツ」に該当する可能性があります。

　また、このような識別の難しい、同じような動画が何本も投稿されているチャンネルは収益を剝奪されてしまう恐れもあります。

②再利用されたコンテンツ

　いわゆる「切り抜き動画」と呼ばれるような、動画投稿者自身のオリジナリティを付加せず、他者のコンテンツを切り取ったり、そのままアップしたりすることはそもそも許可されていません。そのため「再利用されたコンテンツ」として収益化できない可能性が高いです。

　中にはテロップやBGMや冒頭にダイジェストをつけるなどの工夫や

簡単な編集をしている動画もありますが、「切り抜き動画」という意味では同じです。

画像をただつなぎ合わせただけでテロップ等の編集もされていない動画も、これにあたる可能性があるので注意してください。

また、著作権的には元動画の配信者が許している限りは問題ない運営手法ですが、他の切り取りチャンネル運営者が同じ部分を切り取った動画を投稿していることもあります。これが複数になると「繰り返しの多いコンテンツ」にも該当して広告掲載の審査を通らない可能性が高くなります。

他にも、YouTubeの広告掲載に適さないコンテンツとしては次のようなものなどがあります。

- 暴力
- 不適切な表現
- アダルトコンテンツ
- 衝撃的なコンテンツ
- 有害な行為や信頼できないコンテンツ
- 差別的または中傷的なコンテンツ
- 危険ドラッグや薬物に関連するコンテンツ

ビジネス系YouTuberではほとんど取り扱わないコンテンツだとは思いますが、基本的な知識として身につけておいてください。

4. 採算が取れない

　ビジネス系YouTuberとして稼ぐのであれば、広告収入よりもファンを作って自社商品・サービスを買ってもらうことのほうが優先課題だと思います。

　ただし、その場合でも **「採算が取れるかどうか」** はあらかじめ計算しておかないといけません。特に「コンテンツ販売」の場合は「物販」や「店舗集客」とは異なり、商品・サービスだけでなくYouTube外のお客さんを作るところから始める場合もあるため、採算が取れるかどうかの計算は重要です。

　例えば、次のようなパターンで採算を考えてみましょう。

- チャンネル登録者数：5,000人
- 平均再生回数：1,000回
- 商品の販売価格：300円
- 商品の仕入単価：100円

　このパターンでは商品・サービスが1つ売れると200円の儲けが出ることになります。仮に、500回の再生で全員が買ってくれたとしても利益はMAXで10万円です。

　実際の商品の購入数は、再生回数の10％まで行けば良いほうです。そう考えると1万円ということになります。

　とても採算が合わないのではないでしょうか？

　広告収入以外の「商品・サービスの販売」を視野に入れる以上は **「そのジャンルでサービスを販売しても商売として成り立つかどうか」** の視点をあらかじめ持ち、検討する必要があるのです。

稼げるジャンルの「5つの共通点」

では続いて、稼げるジャンルを見ていきましょう。稼げる可能性が高いジャンルには5つの共通点があります。

ただし、YouTubeの成功にはいろいろなケースがあるので、これらすべてに当てはまっていないといけないわけではありませんから、そこは安心してください。

> 1. チャンネル登録者数より再生回数のほうが多い
> 2. 長尺動画でも再生されている
> 3. 商品・サービスの制作コストがかからない
> 4. 動画の内容が濃く、制作に手間がかかる
> 5. キャラクター性に依存していない

1. チャンネル登録者数より再生回数のほうが多い

YouTubeには、当たり前ですが**「チャンネル登録者数が多いほうが再生回数は上がりやすい」**という法則があります。視聴者があるYouTuberのチャンネルを登録すると、新着動画が登録チャンネル内で表示されるからです。

それにもかかわらず、**登録者数が少ないのに再生回数が多いチャンネル**が存在します。そのようなチャンネルを見つけたら、必ずチェックするようにしてください。

「チャンネル登録者数より再生回数のほうが多い」ということは**そのジャンルはこれからさらに伸びる**可能性を秘めています。さらに、**チャンネル自体にも視聴者を訴求する要素が詰まっている**ことが考えられます。稼ぐために参考になる部分がとても多いのです。

また、チャンネル登録者数が多いYouTuberの**1本あたりの再生回数が登録者数の2倍を超えている**動画が多ければ、そのチャンネルも要チェックです。ジャンルとして需要があることがわかるからです。
　逆に、需要がないジャンルやチャンネル、もしくは成長が一段落ついたチャンネルの場合、動画を投稿して1週間以上が経っても再生回数が**チャンネル登録者の10分の1程度**にとどまることが多いです。

> ①チャンネル登録者数より再生回数のほうが多い
> ②動画の多くで再生回数がチャンネル登録者数の2倍を超えている

　この①と②を満たすチャンネルを優先してチェックし、ジャンルやチャンネル作成の面で参考にしていきましょう。

2. 長尺動画でも再生されている

　これも当たり前ですが、人は興味のないものを長時間見たりしません。つまり、**長尺動画が再生される＝そのジャンルに深く興味のある人が存在している**ことを示しているのです。
　30分〜60分のものはもちろん、2時間を超える長尺動画で数万の再生数があるようなジャンルは狙い目です。
　そのようなジャンルでは、自分が長尺動画を投稿したときにも、再生される可能性が高くなります。長尺動画は広告をたくさん挿入できますし、YouTubeからおすすめに挙げてもらいやすいというメリットも。広告が再生されればその分稼げますし、おすすめに挙がることはインプレッションを稼ぐといった意味でも重要です。

　さらに、長尺動画は情報量も多く、視聴者と長く付き合うので、ファン化しやすいというのもメリットです。

3. 商品・サービスの製作コストがかからない

　あなたが今からプロテインを開発して売ろうと思ったとして、その製作には必ずコストがかかります。

　商品開発や安全性の検証、パッケージ制作に製造、運送コスト……。どれだけのお金がかかるでしょうか。

　現実問題、サービスや商品を作っていくには、莫大なお金がかかります。

　逆に言えば、このコストがかからなければ、残るのは売上だけ。そんな商品が作れるジャンルを見つけたらそれは稼げるジャンルです。

　回りくどいので答えを言うと、==コンテンツ販売はこれに当たります。==

　稼ぐことを考えるときに大事なのは、単に売上を上げることではなく、==売上からこれらのコストを差し引いた「利益」を最大化==することです。100万円稼げても、コストが90万円だったら儲けはたったの10万円です。

　もし高額な報酬を得られるジャンルを見つけられたとしても、経費が多額にかかる場合はそのジャンルは「稼げないジャンル」と判断してください。

　一方で、==最初に製作のコストがかかったとしても、あとはそれを大量に販売して行けるようなジャンルであれば、利益率はどんどん大きくなっていきます。==

　そのようなジャンルは稼げるジャンルと言ってもいいでしょう。

　ジャンルを考えるときには==「トータルでいくらの利益が見込めるか」==という部分も含めて費用対効果の高いジャンルを検討しましょう。

4. 動画の内容が濃く、制作に手間がかかる

　動画制作に手間がかかるジャンルは、==ライバルの参入障壁が高く容易に真似をできないため、視聴者からの需要が増え、稼げるようになります。==

　手間がかかっているとは、例えば==「視聴者がやりたくてもできなかっ==

たことを解決している動画」や「表面的な薄い情報ではなく細かいところまで詳しく調べて、かつ易しく解説している動画」などです。

特にレクチャー系の動画の場合、このような動画は希少性が高く、需要が高くなります。

逆に情報が薄い、誰でもできることをしているような「手間のかかっていない動画」でもチャンネルが成り立つジャンルの場合、最初は稼げても、**すぐに真似されて稼げなくなってしまいます。**

さらに、**ジャンル自体が稼げないジャンルへと転落してしまう**リスクもあるのです。

動画を制作することとも重なってきますが、片手間ではなくあなたの地道な努力によって初めて作り出すことができるようなジャンルのほうが稼げますので、そのことを念頭に置いて選定を行ってください。

5. キャラクター性に依存していない

特にエンタメ系のジャンルにありがちですが、チャンネルの伸びる・伸びないがYouTuber本人のキャラクター性に依存している場合があります。抜群にルックスが良いとか、しゃべりが超面白いとか、企画力があるなどパターンです。

そのようなジャンルは、今から参入しても十中八九勝てないと思ってよいと思います。

ごくまれに新参者のYouTuberが登場して、しかも爆発的な人気を博していることがありますが、「自分も同じようになれるのでは？」と思う方はぜひやってみてください。それでバズれば儲けものです。

誰でも稼げるジャンルは、そういった**「キャラクター性」がなくても伸びている**ジャンルです。「顔出しをしていないけれど再生数が取れている」「アニメーション解説で再生数が取れている」チャンネルが存在するジャンルがそれに当たります。

まとめ

稼げないジャンルの4つの共通点

有名人以外で「再生回数が多い動画」が見つからない
→**人気の人しか見られない**

長期間まともに運営しているのに伸びていないチャンネルがある
→**ジャンルの限界値が低い**

広告がついていないチャンネルが多い
→**ガイドラインに違反している可能性がある**

採算が取れない
→**商売として成り立たない**

稼げるジャンルの5つの共通点

チャンネル登録者数より再生回数の方が多い
→**これからさらに伸びる**
再生回数が登録者数の2倍を超えているとなおよい

長尺動画でも再生されている
→**そのジャンルに深く興味のある人が存在する**

商品・サービスの製作コストがかからない
→**利益が出やすい**

動画の内容が濃く制作に手間がかかる
→**競合が現れにくい**

キャラクター性に依存していない
→**誰でも再現性がある**

参入するジャンルの「需要と供給」を確認しよう

　稼げるジャンルと稼げないジャンルの考え方がわかったところで、実際にリサーチをしてみましょう。
　とは言っても特別な方法は必要ありません。「YouTubeで実際に検索をかける」だけです。

　ただし、YouTubeで検索をするときに、通常のあなたが使っているブラウザ上で検索してはいけません。いつも使っているアカウントにログインして検索をすると、それまでのあなたの視聴傾向に合わせた結果が出てしまうからです。
　リサーチをする場合には他の人と同じ条件で検索した結果を知りたいので、ログインしていない状態で検索をしてください。

　他にも、「シークレットウィンドウ」を使うやり方もあります。使っているブラウザによって名前や設定方法が異なりますので、調べてみてください。
　シークレットウィンドウは検索履歴も残らないので、何かと便利です。

● 検索結果を絞り込んで過去の数字を分析する

　需要と供給を知るには、古い動画が積み上げてきた総再生数だけではなく、新しい動画がどのくらい再生されているかも確認する必要があります。5年前に流行っていたジャンルが、今もなお再生され続けているとは限りません。

それを調べるときに役に立つのが「**フィルタ機能**」。

YouTubeアプリであれば、検索結果画面の右上に「検索フィルタ」の項目があるはずです。クリックすると「アップロード日」「タイプ」「時間」「特徴」「並べ替え」の項目が出てくるので、アップロード日の「今月」をクリックします。さらに、並べ替えの「視聴回数」をクリックして、視聴回数順でソートします。

もし、有名YouTuberがいるジャンルであれば、まずはどんどん下にスクロールして、**有名YouTuberの動画ゾーンを抜けてください**。

あなたが今見据えるべきライバルは、真ん中〜下の人たちです。

そこまで来たら、下記の4つの共通点のあるチャンネルをピックアップしましょう。

- チャンネル登録者数100人〜1万人であること
- ジャンルが1つに統一されていること
- 運営歴が2ヶ月以上あること
- すでに10本以上の動画を投稿していること

例えば、「筋トレ」というワードで検索をかけ、これまでの手順を追った結果が、以下のようになったとします。

	運営歴	動画投稿本数	登録者数	平均再生回数
チャンネルA	2年	100本	100人	500回
チャンネルB	1年	50本	5,000人	5,000回
チャンネルC	6ヶ月	10本	3,000人	7,000回
チャンネルD	3ヶ月	5本	1,000人	7,000回
チャンネルE	1年半	100本	6,500人	4,000回

登録者数も再生回数もそんなに多くないので参考にならないと思うかもしれませんが、むしろこれから始めるスタートアップの人にとっては、このくらいの数字のほうが参考になります。

ここから読み取ってもらいたいのは、**チャンネルA以外はそれなりに成長している**、ということです。つまり、このジャンルはまだまだ成長の余地があるといわけです。

もし、あなたが筋トレのチャンネルを運営し、自社商品として「パーソナルトレーニングの販売」や「トレーニングジムへの集客」を計画しているのであれば、1本の動画あたりに数百〜数千人の視聴者へ、アピールできる可能性があるということです。

その中の10%でも商品を購入してくれたり、来店してくれたとしたら、販売する商品の価格帯にもよりますが、数万〜数十万円を稼げる計算になるでしょう。それなら「筋トレ」というジャンルへの参入は検討に値します。

● ジャンル選定を手助けするツールは諸刃の剣

「え〜、ジャンル選定ってめちゃめちゃ地道じゃん。もっと簡単なやり方ないの？」

　ここまで読んでみてそんな風に思った人もいるかもしれません。
　確かにジャンル選定は地道な作業です。タイパ良く進めたい気持ちもわかります。
　そんな人にご紹介したいのが**「ユーチュラ」**というサイトです。ユーチュラでは、「累計」「月間」「日間」の「登録者数順」と「再生回数順」のYouTuberランキングと、急上昇の動画を調べることができます。
　特に「月間」では、登録者数増加率順も閲覧することができ、伸びているチャンネルを発見しやすいです。

　ワード検索が可能なので、ある程度ジャンルの方向性が見えている人は、それで検索してみると、より詳しい状況が見えてくるでしょう。
　結果には芸能人の公式チャンネルや有名YouTuberも含まれているので、それらを除外して伸びていそうなチャンネルをピックアップしてください。

　ただし、1つ大きな注意点があります。
　ユーチュラは誰でも使えるサイトです。検索結果も誰でも閲覧できます。ということは、あなたと同じように考えて検索する人がいれば、同じジャンルにチャンネル参入者が一気に増える可能性もゼロではありません。検索結果に出たジャンルは稼げるジャンルかもしれませんが、急激に飽和する可能性が高いジャンルともいえるのです。
　他にもこのようなサイトやツールはありますが、諸刃の剣なので、できれば自分で検索してジャンルを探すことをおすすめします。

まとめ

需要と供給の確認方法

YouTubeでキーワードを検索にかける

▼

- チャンネル登録者数100〜1万人
- ジャンルが1つに統一されている
- 運営歴が2ヶ月以上ある
- すでに10本以上の動画を投稿している

チャンネルを探す

▼

- 運営歴
- 動画投稿本数
- 登録者数
- 平均再生回数

を書き出し、俯瞰で見て、
「伸びているチャンネルが多いかどうか？」
を分析する

**面倒な人は
ツールを活用してもOK**
※誰もが使えることを念頭に置きましょう

Dがこっそり教える「稼げるジャンル」一覧

　ここまで、ビジネス系YouTuberで稼ぐためには「ジャンルの選択」と「チャンネルのコンセプト設計」が何より大事だとして、ジャンル選択についてのお話をしてきました。

　最後に、本書で特別に「Dがリサーチした稼げるジャンル」を公開します。ジャンルは大きく次の3つに分けました。

> ①通常動画の再生数も多くて、稼げるジャンル
> ②通常動画の再生数は少ないが、稼げるジャンル
> ③再生数は稼げるが、自社商品販売しにくいジャンル

　①は**再生回数（広告収入など）でも稼げますし、集客してからの自社商品販売でも稼ぎやすいジャンル**です。収入を得るための車輪が2つあるので、最も理想的と言えるでしょう。

　②は主に**自社商品販売で稼ぐことを目的にしたジャンル**です。再生回数でも稼げますが、あくまでもサブ的要素で、メインは自社商品販売での売上です。これでも充分に稼げます。

　③は**再生回数で稼ぐのがメインのジャンル**です。自社商品販売には向きませんが、それでも広告収入やアフィリエイトなど、YouTube上で稼ぐ手段が存在します。

　この3つのうちのどれを選択するかはあなた次第です。

　ただし、ジャンルは稼げるものを選んだからといって、誰でもすぐに稼げるわけではありません。自分との相性やライバルのYouTubeを見て、総合的に判断してください。

D式・稼げるジャンル

	可能な月商	顔出し	ショートに向いているかどうか
①通常動画の再生数も多くて、稼げるジャンル			
スピリチュアル	1億超え	あり	向いている
英語	1億超え	あり	向いている
体質・食事改善	1億超え	あり	向いている
心理学	1億超え	あり	向いている
開運	1億超え	あり	向いている
潜在意識	1億超え	あり	向いている
投資	1億超え	なし	向いている
お金ジャンル	1億超え	なし	向いている
プログラミング	1億超え	なし	向いていない
AI×副業	1億超え	なし	向いていない
パソコンの使い方	1億超え	なし	向いている
アプリの使い方解説	1億超え	なし	向いている
不動産	1億超え	あり	向いている
資産運用	5,000万円	あり	向いている
筋トレ	1,000万円	あり	向いている
競馬	1,000万円	あり	向いている
占い	5,000万超え	あり	向いている
ダイエット	5,000万円	あり	向いている

第2章 稼ぎの9割を決める！ ジャンル選定とコンセプト設計

②通常動画の再生数は少ないが、稼げるジャンル			
YouTube攻略	1億超え	なし	向いていない
インスタ攻略	1億超え	なし	向いていない
マーケティング	1億超え	あり	向いていない
ナンパ	3,000万超え	あり	向いている
ゴルフ	3,000万超え	あり	向いている
子育て	3,000万超え	あり	向いている
物販	5,000万超え	あり	向いている
カウンセリング	500万超え	あり	向いている
ヨガ	500万超え	あり	向いている
ブログ攻略	5,000万超え	なし	向いていない
TikTok攻略	5,000万超え	なし	向いていない
X攻略	5,000万超え	なし	向いていない
副業全般	5,000万超え	なし	向いている
動画編集	1,000万超え	あり	向いている
セールスコーチング	1,000万超え	あり	向いていない
ツール系のハウツー	1,000万超え	なし	向いている
バストアップ	300万超え	あり	向いている
webライター	1,000万超え	あり	向いている
コーチング	1,000万超え	あり	向いている
広告	1,000万超え	あり	向いていない
運用代行	500万超え	あり	向いていない
PPCアフィリエイト	1,000万超え	あり	向いていない
LINEマーケティング	1,000万超え	あり	向いていない
③再生数は稼げるが、自社商品販売しにくいジャンル			
Vlog／料理／ゲーム実況／ペット			

ライバルが存在するからこそ「コンセプト」が重要

　ここからは、ビジネス系YouTuberで稼ぐために必要な2つめの要素**「チャンネルのコンセプト設計」**についてお伝えしていきます。

　ここまでジャンルの話をしてきましたが、そこからさらに、そのジャンルで「どんなチャンネル」を運営していくかを考えるのです。

　稼げるジャンルや人気のジャンルには必ず先行しているライバルが存在します。

　例えば「ゲーム実況」のジャンルは1週間の視聴回数が3億4,000万回、1週間の動画投稿本数は9,200本です。1人が1本ずつ投稿ではないと思うのでライバルが9,200人いるとは言いませんが、それでも数千人のライバルがいることは推測できます。

　そのライバルたちと同じようなチャンネルを運営していったとしても、あなたの動画が再生されることはないでしょう。なぜなら、先に投稿していた人の動画を見ればいいからです。ライバルのチャンネルを見ている人は、そのジャンルの動画が見たくてチャンネルを訪れています。あなたが同じような動画を上げたとして、最初は見に来てくれるかもしれませんが、内容が同じであればすでに見たことがあり信頼している人の投稿を優先して見に行くでしょう。

　つまり、そのジャンルで稼げるようになるには、先行しているライバルを追い抜く、もしくは、違う切り口に特化し、"まったく違う情報"を教えてくれるチャンネルとして存在感を出していく必要があるのです。

そのために必要になってくるのが「コンセプト」です。

● コンセプト設計がチャンネルを決める

では具体的に「コンセプト」について説明します。

コンセプトとは、そのチャンネルを「どういうチャンネルにするか」を決めることなのですが、もっと踏み込めば「誰に、何を、どう伝えるか」を決めることです。
　わかりやすいようにラーメンで例えると、「ラーメンを出す」と決めることがジャンル選定にあたりますが、私的にはもっとジャンルを細分化したいので「醤油ラーメン」、その中でも「あっさり醤油ラーメン」を出すと決めました。

ですが、普通にあっさり醤油ラーメンを出していても、有名店には勝てません。ここで考えなければならないのがコンセプトです。

まず、あっさり醤油ラーメンを誰に届けるかを考えます。
　あなたは世の中のラーメン屋さんは男性向けが多いように思い、今回は若めの女性に向けたラーメンにすることにしました。これが、「誰に」です。「何を」は、ジャンルを細分化していればもうすでに決まっています。届けるのは「あっさり醤油ラーメン」です。
　ではそれを「どのように伝えるか」。
　まず、商品設計に手を加えることができます。ゆずを薬味であわせれば、さらにさわやかに食べられるラーメンになるでしょう。
　さらに、店舗の雰囲気はおしゃれめに。白を基調にしたデザインでどうでしょうか。
　外の看板にもそれを反映すれば、通りかかった女性が目を向けてくれるかもしれません。

これが決まると、運営の内容も決まってきますよね。
　場所は若めのOLさんがたくさんいる丸の内や六本木などが候補になるでしょう。
　どちらかといえば、一人でラーメンに行きたいのはランチだと思うので、ランチ営業も必要になるのではないでしょうか。
　ランチ後の口臭予防に、サービスでガムを配ってもいいですね。

　……と、こんな風にコンセプトを決めると、それ以外の具体の設計もどんどん決まっていくようになります。
　これをYouTubeのチャンネルでも行っていくのです。

　このコンセプトは、今後**自分が商品を販売していくうえで、誰に届けるか、どんな商品を届けるかにも関連**します。ですから、慎重に決めることをおすすめします。

コンセプトとは？

コンセプト
女性でも一人で訪れたくなる
おしゃれなカウンター内装のあっさり醤油ラーメンのお店

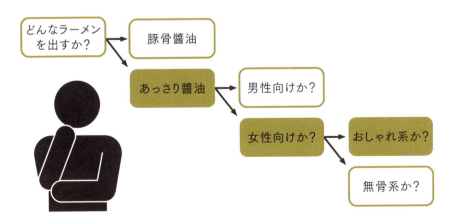

073

コンセプト作りには「市場調査」が必須

　ライバルが多い場所でライバルが少ないターゲットを見つけるためには市場調査をする必要があります。
　市場調査は「YouTube上で行う方法」と「ツールを使って行う方法」の2つがあります。

● 広く調べて細分化キーワードをリストアップ

　YouTube上で市場調査をする場合は、**自分が参入しようと決めたジャンル内でベンチマークになりそうなYouTuberを探します。**
　このとき、ベンチマークにするのは**できるだけ有名なチャンネル**であることが好ましいです。有名であるほど、いろいろな動画を投稿している可能性が高いからです。

　次に、**ベンチマークとしたYouTuberが過去に投稿している動画の中で「一部の層を狙った動画」**を調べます。
　例えば、通常は「健康のためのダイエット」や「ダイエットしないことのデメリット」などの広く一般的なテーマで投稿しているのに、あるときに「40代男性のためのダイエット法」のような絞り込んだ動画を投稿しているようなケースです。

　その動画の再生回数に注目してください。**絞り込んだ動画が他の動画に比べて再生回数が多い**場合、ダイエットというジャンルでは40代のニーズが高いことがわかります。普段は「ダイエットをしたい人」が見ているチャンネルなのに、それに加えて「ダイエットをしたい40代」

がプラスしてその動画を見ていたということだからです。

そこで、あなたは「40代に特化したダイエットチャンネル」を作って動画を投稿すれば、バズる可能性が高くなるわけです。

このように広く調べて、その中で細分化できそうなキーワードをピックアップする作業を行いましょう。

● コンセプト作りの注目ポイント

「そのポイントを見つけるのが難しいよ！」という方のために、どのジャンルでも応用できる視点を3つ挙げておきます。

> ① 年齢
> ② 性別
> ③ 方法論

1つめは「年齢」です。これはわかりやすいですよね。「40代からの美容」や「20代が知っておきたいビジネススキル」などは年齢を特化させています。

その中でも特に、50〜60代向けのコンテンツはYouTubeにはまだ少なく、狙い目です。最近ではその年代の方でもYouTubeを見る人が増えてきているので、まだまだ伸びる余地があります。

2つめが「性別」です。性別、と書きましたが、「属性」と言い換えてもいいかもしれません。女性向けか、男性向けか、社会人向けか、学生向けか。ターゲットが属する性質は、細分化のポイントになります。

3つめが「方法論」です。少しイメージしづらいかもしれませんが、例えば料理チャンネルであれば土鍋を使った調理方法とか、糖質制限レシピなどもこれに当たります。

この3つのポイントは組み合わせて使うと、より具体的なチャンネルコンセプトになるのでおすすめです。以下にいくつか例を挙げましたので、イメージをつかんでもらえればと思います。

> ・「40代から始める若返り美容ダイエット」（ダイエット）
> ・「UNIQLOでイケオジになる50代のオシャレ」（ファッション）
> ・「顔出しなしでも月10万稼げるYouTube攻略」（ビジネス）
> ・「中1レベルの人でもマスターできるペラペラ英会話」（英語）
> ・「恋愛経験ゼロの人のための明日から使えるモテ会話術」（恋愛）

　注意点としては、その細分化のワードが、**自分の参入するジャンルと相性が良いかどうか**は確認するようにしてください。

　料理チャンネルなのにコスプレをしながらやる、とかは細分化ではありません。料理とコスプレには何の相関性もありませんから。料理が得意なアニメキャラのコスプレ、とかなら可能性はあるかもしれませんが……。その先で自分がどんな動画を上げるのか、その動画が気になるものになりそうかは、冷静に判断するようにしてください。

　他にも、ライバルの動画を見て伸びている動画があれば、それに特化したチャンネルを作ることでもコンセプトはできます。料理系チャンネルで、ピザの動画が他の動画よりも再生回数が多ければ、ピザのチャンネルを作ればいいわけです。

　ニーズが多い＝ライバルが多いジャンルに参入していく場合は、特にコンセプト設計は重要です。
　ライバルが今までできていない「穴」を見つけて、そこに参入していってください。

● 市場調査で使える2つの分析ツール

　ツールを使って市場調査を行うときにおすすめのツールが『kamui tracker』と『vidIQ』です。

　kamui trackerはYouTubeにおけるジャンルごとのユーザーの視聴者数やランキング、流行りのワードなどを分析できるツールです。
　会員登録画面でメールアドレスを入力するだけで使え、機能制限はありますが無料でも使えます。
　ただし、YouTubeチャンネルとkamui trackerを紐づけるためにはチャンネル登録者数が100人を超えている必要があります。また、フルスペックで使うためには有料プランに加入しないといけません。月額数千円からの費用がかかってしまいます。

　vidIQは無料で使えるYouTube分析・改善ツールです。チャンネル登録者数がゼロの初心者に最適なツールと言えるでしょう。
　Google Chromeの拡張機能のため、インストールさえしてしまえばYouTubeを使用する際に自動的に起動してくれます。ちなみにFire Foxにも対応していますので好きなほうで使ってください。

　パソコンでしか使えない（スマートフォンでは使えない）といった部分もありますが、市場調査をするうえでは大した問題ではないと思います。

まとめ

コンセプトとは

「誰に」「何を」「どう伝えるか？」

コンセプトを細分化することで

- ジャンルの再生回数の限界値を狙いながら
- ライバルとの競争を制する

ことができる

コンセプトづくりには市場調査が必須

まずは
自分の参入するジャンルで、
ベンチマークになる
YouTuberを探す

▶

伸びている
キーワードを使って
自分のチャンネルの
コンセプトを作る

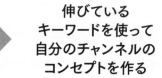

「①年齢」
「②性別」
「③方法論」
or
「ライバルのチャンネルで
伸びているワード」で細分化

チャンネル設計で差をつける必須ツール

　せっかくなので、無料で使える『vidIQ』の使い方を詳しく説明しておきます。

　まず、vidIQをブラウザにインストールしないといけません。
　インターネットで「vidIQ　拡張機能」と検索すると一番上に出てくる「vidIQ Vision for YouTube」サイトに進んでください。Chromeの場合であれば飛んだ先の画面の右上に「Chromeに追加」というボタンがありますので、それを押すと機能を追加することができます。
　機能が追加できたら画面に従ってアカウントのサインアップを行ってください。解説の動画が始まりますが、そのままトップに戻ればvidIQを使えるようになっています。

● ジャンルの市場と訴求ワードがわかる

　vidIQがインストールできたら、試しにYouTubeの検索窓に「ダイエット」と打ち込んでみましょう。すると、検索結果画面の右側に英語でいろいろな数値が出てきます。英語は決まったものだけを理解しておけば問題ないので、それをここから紹介していきます。

　まず着目してもらいたいのは
「Volume」「Competition」「Overall score」
の3点です。

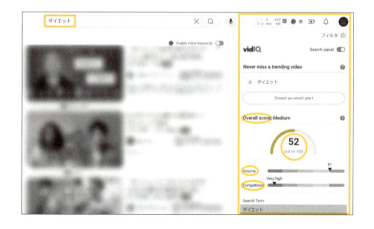

　Volumeは**「そのジャンルを見ている人がどれくらいいるか」**を示しています。右へ行くほど多くなりますので、例えばダイエットで言えば「81」ですから、かなり多いことがわかります。

　Competitionは**「そのジャンルにおける競合の多さ」**を示しています。これは右へ行くほど少なくなりますので、ダイエットは「Very high」となっていてとても多いことがわかります。

Overall scoreはそれらの結果の平均値で、**スコアの数値が高いほど伸ばしやすいジャンル**になります。ダイエットの例では「52」なのでそこそこの部類と言えます。

次に、画面をスクロールして
「Highest Views」「Avg Views」「Top related opportunities」
の3つを見て下さい。

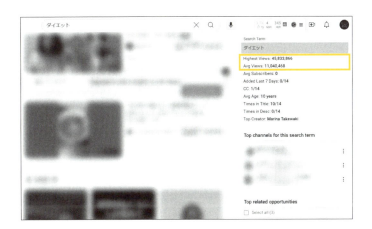

Highest Viewsは**「ジャンルにおける最高視聴回数」**です。ダイエットで言えば約4,500万回あります。

Avg Viewsは**「ジャンルにおける平均視聴回数」**です。ダイエットでは約1,100万回ですね。ただ、この数字にはショート動画の回数も含まれていますので、あくまでも参考程度で大丈夫です。

Top related opportunitiesは**「ジャンルにおける人気の関連ワード」**です。ジャンルにおける動画のネタ探しをするときに関連ワードで人気のものを選べば、視聴されやすい動画を作ることができます。

　ダイエットでは「おやつ」「スイーツ」「腹筋」が人気のようです。

　このように、vidIQだけで、そのジャンルにどのくらいの市場があるか、さらにはネタになるキーワードまで調べられてしまいます。

● **ライバルのチャンネルの状況が一瞬でわかる**

さらに、vidIQはライバルのチャンネルの分析にも使えます。

ためしに私のチャンネル「YouTubeマスターD」のページに飛んでみて下さい。

これを使って分析のやり方を解説していきましょう。

トップ画面のチャンネル登録ボタンの右側に新しくvidIQのアイコンが追加されているはずなので、これをクリックして「View trending videos」を選択します。

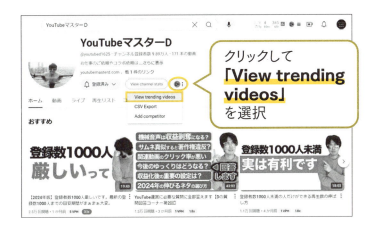

すると、現在そのチャンネルで伸びている動画が表示されます。

　よく、最新の動画数本の再生回数が少ないのを見て、このチャンネル伸びてないね、という人がいますが、そうとも限りません。
　古い動画が伸びている可能性もあります。

　さらに、過去の動画が"今"伸びているのだとしたら、そのネタは狙い目です。昔の動画でもわざわざ見たいほど視聴者のニーズがあるということだからです。

　そのような表面上ではわからない状況をView trending videosは教えてくれます。
　==ここに表示される動画のネタが、今一番ホット==だと思ってください。

次にアイコンの隣にある「View channel stats」をクリックしてみましょう。

すると、そのチャンネルに「月間でどれくらいのチャンネル登録者数と再生回数があるか」が一発でわかります。

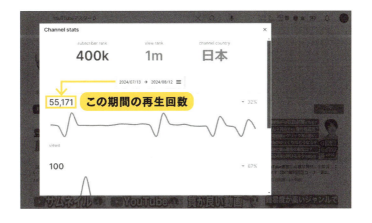

私はこれまで1,000チャンネル以上をプロデュースしてきましたが、プロデュースの際はView channel statsを必ずチェックしています。

これを見た上で「このジャンルであれば月間でこれくらいの可能性があります」「あなたの目標数字に対してどうですか？　やりますか？　別のジャンルにしますか？」などとすり合わせを行います。

続いて、各動画に着目してください。

再生回数と投稿時期の隣に「(数字) VPH」と「(数字) ×」という表示があるのがわかると思います。

「VPH」はViews Per Hourの略で「この1時間で何回再生されたか」を示しています。ただし、これは正しい数字でないこともあるので参考程度に考えてください。

「(数字) ×」となっているものはOutlier scoreで「その動画がチャンネルの平均再生回数を何倍上回っているか」を示しています。これはチャンネル登録者数よりも動画の再生回数が多いネタを探すときに参考になる数字です。

この数字が「2」よりも上のものを探しましょう。逆に0.5などであれば平均を下回る需要のないネタだと判断することができます。

● 動画の成長率にも注目すべし

　さらに、その動画の成長率も確認することができます。
　何かしらの動画をクリックして視聴を始めると、動画の右側に、動画の成長率が表示されます。

　これを見ることによって、そのネタが「**早く伸びるネタなのか？　それともあと伸びするネタなのか？**」が判断できます。
　ライバルが初速で伸びている動画と同じネタの動画が初速で伸びなければ、その動画は失敗の可能性が高いです。

　他にも、ライバルのチャンネルでは1ヶ月かけて伸びているネタが、いつまでたっても伸びなければ、自分の動画は失敗だったと判断することができます。要するに、成功か成功でないかをじっと待っているのではなく、大体このくらいまでに伸びなければ失敗、という判断ができるようになるのです。

　これは動画を出したあとの話になりますが、あとで自分の数字を見て失敗を知り、落ち込む人がいます。ですが、**ここでの失敗を悔やむ必要はまったくありません**。むしろ、データが取れたこと、自分の失敗要因がなんだったのかを分析できることを喜ぶべきです。トライアンドエラ

ーを経て、あなたのYouTubeスキルは上がっていきます。

　以上、vidIQの使い方をお伝えしました。
　ただぶっちゃけますとvidIQにはSEOやキーワードなど、他にも使い方があり、本書でお伝えしたのは私が重要だと思っている部分に絞った内容になっています。
　もしも興味があればさらに自分で調べたり、実際に触ってみたりしてvidIQの奥深さを知ってもらいたいと思います。まずはここでお伝えしたポイントを押さえて、チャンネル作りに役立ててみてください。

まとめ

vidIQでわかること

① 「ジャンルのニーズがあるかどうか」

- Highest Views　　ジャンルにおける最高視聴回数
- Avg Views　　ジャンルにおける平均視聴回数

② 「ジャンルで人気の訴求ワード」

- Top related opportunities　　ジャンルにおける人気の関連ワード

③ 「ジャンルにおける今のトレンド」

- View trending videos　　現在進行形でそのチャンネルで伸びている動画

④ 「ライバルのチャンネルが伸びているかどうか」

- View channel stats　　月間でどれくらいチャンネル登録者数と再生回数があるか

⑤ 「伸びるネタ」

- 「（数字）VPH」　　この1時間で何回再生されたか
- 「（数字）x」　　その動画がチャンネルの平均再生回数を何倍上回っているか「2」よりも上のものを探す

⑥ 「そのネタはどうやって伸びるのか？」

- 成長率　　グラフの描く線が何日目で伸びているか

第2章　稼ぎの9割を決める！ジャンル選定とコンセプト設計

ジャンル・コンセプトを基準に販売商品を設計する

　ここまでは、YouTubeチャンネルの話をしてきましたが、ここからは少しYouTubeから離れ、自分の販売する商品について説明します。
　ジャンルを選定し、コンセプトを絞って自分の起ち上げるチャンネルが定まってきたこのタイミングが、**商品の設計に最適**なのです。

「物販」や「店舗集客」のようにあらかじめ自分の売る商品が決まっている人や「コンテンツ販売」でもすでに販売する商品がある人は、この項目は読み飛ばしてもらっても構いません。

　まだ自分が売る商品が決まっていない人、もしくは本来の自社商品とは別の商品を設計したい人は「稼げるジャンル」を参考に、自分の商品を設計していきましょう。

　ここで大事なのは**「いくら稼ぎたいか」を決めること**。

　その上で**「自分ができること」**と**「YouTubeでウケるもの」**をかけ合わせたチャンネルを作ることです。
　後者は稼げるジャンルを選ぶことでできるとして、前者を商品・サービス化していくことが必要になってきます。

バックエンドにできる8つの商品タイプ

　YouTubeで集客をし、最終的にLINEで販売する自社商品・サービスは**「バックエンド商品」**に分類されます。自分の収益のメインになる商品です。反対に、集客を目的とした商品・サービスのことを「フロントエンド商品」と呼びます。お試しパックやYouTube動画はこれに当たります。

　このビジネスモデルにおけるバックエンド商品には、大まかに8つのタイプがあります。

①教材タイプ（文章）
②教材タイプ（動画）
③スクール（動画、グループチャット）
④スクール（動画、グループチャット、オンライングループ講義）
⑤コンサル（1対1チャット、1対1オンラインミーティング）
⑥コンサル（動画、1対1チャット、1対1オンラインミーティング）
⑦物販（車、不動産、アパレルなど）
⑧店舗集客（整体、フィットネス、美容院、飲食店、学習塾など）

①教材タイプ（文章）

　教材タイプは、Tipsやnoteなどでよく販売されています。
　モテる方法、稼ぎ方、経済情報、投資など、**自分の知識を具体的に解説したテキスト教材**を売るのです。
　テキスト教材の良いところは、専門的な資格がない場合でも、「新NISA攻略法」のように自分で勉強をした知識をコンテンツにまとめることで商品化ができるところです。
　制作難易度が低く、誰でも可能ですが、その分、コンテンツ価値とし

ては低く見られがちです。価格も**数百円から高くても1万円程度**で、リピートはあまりされません。

②教材タイプ（動画）

①の内容を**アニメーション動画で解説したり**、**写真や図解を流しながら音声で解説したりして動画化**したものです。

内容は同じでも、動画にすることで購入者にとっての見応えは変わりますし、聞き流すような使い方もできます。

制作の手間はかかるようになりますが、その分、クオリティも上がるので価格も上げられ、**数千円〜数万円**で販売できるでしょう。

③スクール（動画、グループチャット）

スクールは、その名の通り、**あなたのスキルを集団に対して教える**形式です。あなたが先生で、購入者が生徒です。①、②のように売りっぱなしではありません。

ただし、この場合の授業は動画です。あなたがいちいち教壇に立つ必要はありません。

授業の他に、スクール生が発言できる専用チャットを開設し、質問やコミュニケーションを取れる空間を用意します。動画だけだと一方通行でしか学べなかったものに、**購入者が質問をできる仕組みを付け足す**のです。パーソナライズ化された方法論を教えることができるため、購入者は最短で課題を解決できる可能性が高まります。

その分、付加価値が上がるので価格も上がり、**10万円くらい**の価格設定でも販売できるでしょう。直接人が介入していることで、購入者も納得してお金を払ってくれるようになります。

また、スクール自体はグループで行うためグループ内で同じ疑問を持っている人も多く、一度に複数人の課題を解決できる可能性もあるので、

提供側としては高いパフォーマンスを得やすい方法です。

④スクール（動画、グループチャット、オンライングループ講義）

　基本的には③と同じなのですが、ここに**オンラインによるグループ講義（セミナー）**が加わります。1対多の講義を追加して行うことでコンテンツとしての厚みが増しますし、グループ講義自体をアーカイブ化しておけば、動画自体の数を増やすこともできるでしょう。

　また、**講義後の質疑応答**で生の質問を購入者から受けることができます。チャットでの質疑応答の場合、どうしてもニュアンスや文章力の問題で課題の本質まで到達できないことがあります。ですが、質疑応答であれば購入者も会話でニュアンスを説明できるため、課題解決につながりやすく、満足度も高まります。

　グループ講義は通常1〜2時間くらいは行いますので、参加人数が増えるとそれだけ質疑応答の時間も延びる可能性があります。ただし、それだけ手間と時間がかかるものであるため価格もアップでき、**10万円〜数十万円**の価格にすることもできます。

⑤コンサル（1対1チャット、1対1オンラインミーティング）

　③や④でやっていることを**1対1で行うのがコンサル（コンサルティング）**です。トレーニングジムで言えば③と④は会員制ジム、こちらはパーソナルジムのイメージです。

　パーソナルですから、受講者ひとりひとりの課題を解決するために「何をすべきか」を明確かつリアルタイムに伝えることができ、課題解決率は飛躍的に向上するでしょう。
　購入者側も1対1だから話せる内容もあるため、コンサルタントと購入者のエンゲージメントを高めやすい方法とも言えます。

ただし、問題解決のための難易度は上がります。教材などはなく、個々の課題に対するオーダーメイドの答えを用意してあげないといけません。コンサルする側の知識や経験、問題解決能力が問われます。

その分、価格は上がって**50万円くらいの商品から、高いと数百万円**のものまでが存在します。

⑥コンサル（動画、1対1チャット、1対1オンラインミーティング）

⑤の内容にさらに「**動画**」**を加えた**商品です。基本的には⑤とやることは同じですが、あらかじめ「よくある悩みに対応した動画」を作成しておくことで「詳しくはこの動画を見てください」と促すことができ、コンサルティング時間を圧縮することができます。

⑤を行いながら、購入者に共通しやすい悩みをピックアップしておき、空いた時間に動画を作っておけばこの方法ができます。同じことを毎回言わなくてもよくなるのでコンサルタント側が手間を省けるだけでなく、受注する数も増やせるので、客単価より「客数」で売上を伸ばしていけます。

⑦物販（車、不動産、アパレルなど）

第1章の「自社商品販売」で説明したものと共通しますが、**自社で取り扱っている商品を販売**します。

取扱商品はさまざまですが、有名YouTuberの例としてはバイク系YouTuberのホワイトベースさんがわかりやすいかもしれません。自店で仕入れたバイクをYouTube上で参考動画として紹介し、自社サイトに誘導して販売を行っています。有形商材なので直接自社サイトに誘導できるのです。

販売する商品の価格も自分で設定することができます。その分、商材の開発や仕入れなどの手間とコストはかかりますが、高単価商品であれ

ば再生回数が少なくても1つ売れれば大きく稼ぐことも可能です（低単価であれば再生回数が必要）。

⑧店舗集客（整体、フィットネス、美容室、飲食店、学習塾など）

こちらも「自社商品販売」で説明したものと共通しますが、販売できる商品があり、かつ「その人でないとできない」「そこでしか買えない（体験できない）」といった付加価値があります。

味や技術は商品としての独自性が高く、簡単に真似をすることができないため、その**独自性に対して市場の常識の範囲内である程度自由に価格設定**ができます。

ただし、店舗を構えていることが基本なので「そこまでお客さんを呼ばないといけない」というデメリットもあります。
YouTubeは全国・全世界の人が見るので、動画が必ず商圏内のお客さんに届くとは限りません。そういう意味で集客より認知度向上の意味合いが効果としては大きいでしょう。

それでも、価値を感じて遠方から足を運んでくれるお客さんもいますし、公式LINEを使えばファンを集めてクーポンを配布するなど、集客に活かす方法は存在します。

まとめ

バックエンドの商品タイプ

教材

TipsやnoteでよくみられるTips。教材の売り切り。

- テキスト
- 動画

スクール

動画によるスキル解説に加えて、生徒が質問できる環境を作る。

- 動画+グループチャット
- 動画+グループチャット+オンライングループ講義

コンサル

顧客の個別の悩みに対応する。動画での基本テキストがあってもOK。

- 1対1チャット+1対1オンラインミーティング
- 1対1チャット+1対1オンラインミーティング+動画

物販

有形商品の販売。オンライン、リアル、ライブコマースなど形式は様々。車や不動産、アパレルなどが該当する。

店舗集客

その名の通り店舗への集客。
店舗を構えている業態でサービスの宣伝をする。
整体、美容院、飲食店、フィットネス、学習塾などが該当する。

それでも「どんな商材にすべきか」がわからないときは？

　バックエンドになる8つの商品タイプをお伝えしましたが、「自分はどんな商材にすればいいかわからない」と思う人もいるかもしれません。
　確かに、新商品を自分で開発するにはアイデアとエネルギーが必要です。それは一朝一夕では思いつかないかもしれません。
　ですが、決して不可能ではないので、そのためのヒントを3つお伝えしましょう。

●「世の中でどんな商品が売られているか」を知る

　売り物がわからない人の多くは「何を売るか」を想像できていません。ですから、**「どんなものがすでに売られているか」を知るところから始めてください。**

　売り場所を知り、どんなものが売られているかを知ることで、何を売ればいいかがわかってきます。その中で、8つの商品タイプを参考に自分が売れそうな商品を考えればいいのです。
　Brain、Tips、Udemy、note、coconala（ココナラ）などのプラットフォームに行けば、すでに無形商材を販売している人がたくさんいます。おすすめはUdemyが優秀で、1万円以下で買えるものから数万円〜数十万円くらいの商品まで数多く揃っています。
　まず、**重い腰を上げ、行ってみて知ることが大事**です。

　そして、世の中にはいろいろな無形商材が売られていることがわかったら、**試しに1つ買ってみましょう。**数千円〜1万円のもので構いません。

その価格帯で中身がどんなものかを知ってください。

　文章だけのもの、動画になっているもの、通話やコンサルティングがセットになっているものなど、さまざまな商品があることがわかるでしょう。

　これらのプラットフォームでは、年間1億円以上を稼いでいる人がめちゃくちゃたくさんいるのです。

●「先発のYouTuberの売っている商品」を確かめる

　他にも、ジャンルがある程度定まっているなら**先発のビジネス系YouTuberが販売している商品を買ってみる**のもおすすめです。
　何かの動画をクリックすると、必ずと言っていいほど概要欄にLINEやメルマガのURLが貼ってありますので登録しましょう。

　ビジネス系YouTuberの多くは動画の中で**プレゼント配布**を行っています。これを受け取るだけでも価値があります。
　なぜなら、これからビジネス系YouTuberを始めるあなたも、同じようにたくさんのプレゼントを用意しなければいけないからです。
　1から考えるのではなく、**すでに稼いでいる人を参考にして設計**したほうが、よほど精度の高い、ニーズにあったものを作れます。

　実際にLINEやメルマガに登録をしたら、営業のメッセージが必ず送られてきます。このときのメッセージの文面も役に立ちますし、メッセージの頻度や、買いたくさせるための文言も参考になります。
　送られてくる営業メッセージの中にはセミナーや説明会やイベントなどに誘導してくるものがあります。そのようなものがあれば積極的に参加し、ビジネス系YouTuberがどんなものを売っているかをリサーチしましょう。
　価格的に折り合いがつくのなら買ってみるのもいいでしょう。商材づくりに役立ちます。

常にアンテナを張るマインドセット

　これから自分の商品を売っていきたい人は、**世間にはどんなニーズがあるか、アンテナを高く張って生活の中で収集する**ようにしましょう。これは、マーケティングの基礎中の基礎です。会社員の方にも役に立つ考え方です。

　普段、生活をしているといろいろな情報が勝手に入ってきます。
　テレビや新聞はもちろんのこと、通勤電車の広告、書店でピックアップされている雑誌や書籍、すれ違う人の持ち物や会話の内容、社内での雑談など、情報があふれています。
　これらは意識しないと通り過ぎてしまいますが、アンテナを張っていることで引っかかってくるようになるのです。

　稼げるジャンルを知りたいなら、世の中にどんなニーズがあるかを気にかけましょう。そうすることで「このジャンルなら稼げるんじゃないか？」というアイデアが見えてきます。
　商品・サービスは基本的に**「悩みを解決する・希望を叶える」**ものなので、世の中の人がどんなことで困っているか、どんな便利なものがあれば重宝されて、どんな層の人たちに求められるかを探れば、それに対する自分なりの解決策が思いつきます。

　大切なのは、**今までなんとなく通り過ぎていた情報や雑音として聞き流していたものを、自分のアンテナを張ることで収集する意識**を持って生活することです。
　これはやってみないとわからないことですが、意識するとしないとでは引っかかってくる情報がまったく変わってくるのです。
　そして「なんとなく良さそうだな」と思ったものがあれば、**すぐにメモ**をしましょう。必ずその場でメモしてください。そうでないと忘れて

しまい、機会損失になってしまいます。

　本章ではビジネス系YouTuberを始めるときに最も大切な「ジャンルの選択」と「チャンネルのコンセプト設計」についてお伝えしました。ここを怠ると絶対に稼げるチャンネルは作れません。

　次章からは、第1章でお伝えしたYouTubeをビジネスに活用するための詳しい流れの解説に入っていきますが、それが効果を発揮するのも本章の内容をしっかり実践していてこそです。

　YouTubeで稼ぐためにはYouTubeの前にやるべき大切なことがたくさんある。
　この意識を持って習得してください。

第3章

伸びてる人は知っているYouTube超戦略

「YouTubeでモノが売れる全体像」を意識せよ

ここまで「YouTubeで自社商品が売れる」ことをお伝えしてきました。断片的にいろいろなことをお伝えしてきたので、ここで改めて「YouTubeでモノが売れる全体像」を整理しておきましょう。

①稼げるジャンルを選定し、コンセプト化したチャンネルを作る

最初に稼げるジャンルを見つけ、その中でさらにライバルがやっていないターゲットに絞ったチャンネルを作成します。

②自社商品を開発し、価値提供と信頼構築できる動画で集客する

チャンネルを作成したらコンセプトに合った動画を制作し、視聴者に対して価値提供を行い、信頼を構築していきます。これによって「あなたから商品を買いたい」と思われる状況を、YouTubeの段階で作り出しておきます。

YouTubeでモノが売れる全体設計

ジャンル選定	チャンネルのコンセプト設計	商品開発
稼げるジャンルを見極める	競合との差別化	利益を最大化する商品の開発

③LINEに誘導し、各種イベントやセミナーを実施して販売する

　YouTubeで動画を発信しながら、プレゼントを渡すなどして公式LINEへと誘導します。LINEに登録してもらったらイベントやセミナーを実施して商品をアピールし、販売のためのクロージングを行います。

　くり返しになりますが、従来のプロダクトローンチとは異なり、D式プロダクトローンチではYouTubeで「ほとんど買ってもらえる状態」にまで持っていきます。
　YouTubeを通してモノを売るためには**「認知してもらう」「ファンづくりをする」「深いファンになって買ってもらう」**という段階を踏まないといけません。チャンネルを作って動画さえアップしておけば勝手にモノが売れるわけではないのです。

　ただし、裏を返せばYouTubeは**やり方次第で、いくらでも視聴者に訴求できるツール**だということもできます。

　先ほどはYouTubeの再生回数を営業にたとえましたが、実は、**YouTubeはCMの役割**も果たしています。それも、15秒や30秒という制約のない、伝えたいことをしっかりと見ている人に伝えられるCMです。

動画制作	LINEで告知	販売
認知獲得 & 信頼構築	商品販売の 場への誘致	セミナーや イベントで 商品を販売

チョコレートのCMを100人が見たら1人くらいは買うように、YouTubeの100再生は100人にCMをしているのと同じで、100人にちゃんとアピールすればそのうちの何人かは買ってくれます。このマーケティングを地上波のテレビで行うか、オンラインの動画で行うかの違いでしかありません。

　しかも、YouTubeは**一度動画をアップすればあとは24時間365日、無料で放映**してくれます。
　やっぱり、こんな良い方法を活用しない手はないと私は思います。

絞ったジャンルの中で「再生数の最大化」を狙う

　そんなYouTubeの無料のCMという側面を最大限に活かすためにしなければいけないこと、それは **「再生数の最大化」** です。

「YouTubeなら少ない再生回数でも稼げる」
「再生回数が100回でも月○万円稼げる」
「コンテンツビジネスなら誰でも稼げる」

　このようなことを言っている人はよくいます。私も言ってきたことなので、これは間違っていません。

　ですが、仮に視聴者の10％が買ってくれるとして、再生回数が100回と1,000回では、当たり前ですが後者のほうが売上を伸ばすことができます。
　ですから、再生回数は拡大していくべきです。
　再生回数を伸ばす施策を行っていくことが、あなた自身の認知拡大につながり、売上を伸ばしていくことにもつながるのです。

　あなたがここまでの過程で選定したジャンル、コンセプト化したチャンネルの中にも必ず最大値が存在します。その最大値を目指すことが第一目標です。
　最大値を狙う気持ちでやれば、視聴者人口の50〜80％を狙えます。
「YouTubeの伸ばし方」であれば約5万人です。私はそれができたから日本一になれました。

サムネイルと細分化が再生回数を決める

では、一体どうすれば再生回数を伸ばせるでしょうか？

日常的にYouTubeに触れている人は、**「再生回数を伸ばすために必要なものは動画の中身やネタである」**と考えるのではないでしょうか。

はっきり言って、**その考えは間違い**です。

動画の内容が良いほうがいいに決まっていますし、旬なネタや他ではやっていない中身の動画のほうが確かに再生回数は伸びます。ですが、それは"あとの話"なのです。

それよりも大切なもの――それは**「サムネイル」**です。

サムネイルは動画の「顔」。あなたが道に迷っていたとして、清潔感のある人と、1ヶ月くらいお風呂に入っていなさそうな人だったら、どちらに話しかけたいと思いますか？

YouTube動画もそれと同じで、サムネイル次第で再生されるかどうかが決まります。サムネイルについては超重要なので、次章でじっくりお伝えします。

そしてもう1つが、ここまでさんざんお伝えしてきた「細分化」です。チャンネルのコンセプトのみならず、動画づくりにおいても、一部の層に深く届くものを作ることが肝要です。

そうすれば、ターゲットは他のチャンネルではなく「あなたのチャンネル」のファンになってくれるでしょう。必然的に再生回数も伸びるようになります。

まとめ

再生数の最大化

**100回より1,000回、
1,000回より10,000回
→営業先が増えているということ**

**最大値を狙う気持ちでやれば
視聴者人口の50〜80％が獲得できる**

再生数の最大化

再生数を伸ばすのはネタではなく

サムネイル

一部の層に深く刺さる動画を作ろう。

知っておくべき「VSEO」

　その前に、**「VSEO」**について知っておいてほしいので、ここで説明します。「VSEO」はYouTubeで検索したときに、動画を上位表示させるための仕組みの1つです。

YouTubeで検索を
かけたときに
上位に表示して
くれる仕組み

● VSEOのメリット・デメリットとは？

VSEOにはメリットとデメリットが存在します。

メリットは**「検索から人が来るようになること」**です。

VSEO対策をして動画がきちんと上位表示されるようになっていれば、視聴者がYouTubeで動画を検索した際にあなたの動画にリーチする確率が向上します。

検索をする人は基本的に悩みを自覚しています。あなたの動画にたどり着くための検索ワードを入力しやすい人です。つまり、ターゲットとしてはよりコアな存在＝コアターゲットです。

コアターゲットとは「その商品・サービスに対して最も強く価値を感じてくれる人たち」のことですから、あなたが検索した視聴者の悩みを解決できる動画をアップしていれば、そこから**大きくファン化しやすい**のです。

さらに、YouTubeでは**「おすすめ」に載るよりも検索上位に載るほうが早い**です。なぜなら、おすすめ機能に載るには、YouTubeから気に入られる必要があるからです。

YouTubeは多くの人に長い時間使ってほしいので、必然的にエンタメなどの人気ジャンルの動画がおすすめに掲載されやすく、ビジネス系の小難しい動画が同じように戦うのは難しいでしょう。

一方で、VSEOを攻略して特定の検索ワードに対して上位を取れれば、**再生数に関係なく視聴者があなたの動画を見つけてくれる可能性が高い**のです。

次に、デメリットです。

デメリットはメリットを逆に考えたときのもので、そもそも検索ワードによっては動画を視聴する人の数自体が多くないことです。ですから、

検索から大きな再生回数を獲得するのは非常に難度が高いと言えます。

ただし、前述の通り見つけさえしてもらえれば濃いファンを集められますので、コアターゲットに届くネタであればVSEOは有効な施策と言えます。

実際にVSEOを上げるための方法については、第4章で詳しくお伝えします。ここでは、再生数を伸ばすために、こんな手法があるんだ、という認識で大丈夫です。

VSEO

自発的に「検索」をかける人は
「悩みを自覚している」人

**→商品・サービスに
　最も強く価値を感じてくれる人**

メリット
・ファン化しやすい
・「おすすめ」に乗るより簡単

デメリット
・大きな再生数を獲得するのは難しい

一般受けするネタなら
ショート動画が狙い目

「YouTube Shorts」はTikTokに対抗するために2021年7月に世界的にリリースされました。一般公開されてから合計5兆回以上も再生されています。

特徴は動画が最長60秒と短く、画面は縦型もしくは正方形、ライセンスされた音楽や画面上のキャプションを追加できること、スワイプすれば次の動画が見られることなどが挙げられます。

もしあなたの選んだジャンルが、**生活に関連する法律や英語などの一般受けしやすいネタであれば、この「ショート動画」を活用するのがおすすめ**です。

ショート動画はYouTubeのアルゴリズム的に、**通常の動画よりも幅広く、そして多くの視聴者に表示されやすく**なっています。万人受けするネタであればバズりやすいので、ニッチなジャンルでも一般受けしやすいネタを思いついたら積極的に投稿していきましょう。

ショートをきっかけに通常動画を見てもらう導線を作ることにもつながります。

本書は「少ないチャンネル登録者数と再生回数でも稼げる」というコンセプトですが、前述の通り、再生回数は多いに越したことはありません。あくまで「少なくても稼げる」であって「少なくてもいい」「少ないほうが有利」というわけではありません。

特に、**短期間でスピーディに再生数を伸ばし、さらにインフルエンサーとして自分の影響力を増やしたい**と思うのであれば、ショート動画を

第3章 伸びてる人は知っているYouTube超戦略

視野に入れてください。

通常動画とショート動画では基準が10倍違う

ショート動画は、チャンネルの認知を拡大させるにはもってこいのプラットフォームです。

理由は、先述した通り、アルゴリズム的に自分のターゲット以外の層に動画が表示されるチャンスが得やすいことが1つ。

さらに、**「ショート動画は通常動画の10倍チャンスがある」**のが理由です。

これは、ショート動画の長さが関係しています。通常、ショート動画の再生時間は最長で60秒、通常動画は60分を超えるものたくさんあります。

1人の視聴者がYouTubeを1時間見るとして、ショートであれば最大で60本、通常動画であれば長尺で1〜2本になってしまいます。つまり、ショート動画は短いからこそ簡単にクリックされ、見られるわけです。

通常動画では100万再生を取るのはかなり難しいですが、ショート動画であれば可能性はまったくゼロではありません。

そこから通常動画へ誘導すると考えても、ショート動画を呼び水にすれば**より多くの新規視聴者を獲得できる＝通常動画の再生回数を伸ばせる**ことがわかると思います。

● インフルエンサーになるならショート動画はマスト

　ビジネス系YouTuberには「稼ぎたい人」と「有名になりたい人」の2つの選択肢があります。前者であれば通常動画をコツコツと積み上げていけばいいでしょう。

　ですが、**有名になりたい＝インフルエンサーとして影響力を大きくしたいと考えているなら、ショート動画はマスト**です。

　インフルエンサーになるメリットは、大手の動画投稿者からコラボの引き合いがきて、自分の認知を拡大できる可能性が増えることです。他にも、出版のオファーがあったり、ビジネス番組に出演依頼があったり、セミナーや講演会に呼ばれるといったようなこともあるでしょう。

　それ以外にも、有名になることは**自身のビジネスのブランディングの一環としても使えます**。

　信用度が高まるのでより売上を大きくすることもできますし、ビジネス系YouTuberとしての寿命も延ばせるでしょう。

　もちろん、これを通常動画で達成している人もいます。ですが、ショート動画を使うほうが簡単なのです。いちビジネスマンからインフルエンサーになるための方法論として覚えておいてください。

　最初は通常動画をコツコツとアップロードしながらビジネスにつなげて稼ぎ、稼げるようになってきてさらに伸ばしたいと思ったらショート動画を追加してもいいでしょう。

信頼構築のための動画テクニック4選

ここまでは、YouTubeで再生回数を伸ばす（認知を獲得する）方法をお伝えしてきましたが、D式プロダクトローンチでは、認知の獲得と同時に**視聴者との信頼構築も動画で行っていきます**。

信頼構築は、商品販売にはかかせません。うさんくさい人から何かを買ったり、教わったりはしたくないですよね。

課題を解決してくれそう、この人から習いたいと思ってもらうためのプロセスになります。信頼構築のためには4つのテクニックが必要になるので、1つずつ解説していきます。

1.検索ハック

検索ハックは、**視聴者が検索したときにあなたの動画が検索上位に来るよう仕掛けておくこと**です。

視聴者がYouTubeで検索を行うのは、それは**何かの「悩み」を抱えていて解決したい**と考えているからです。オシャレな40代になりたい男性視聴者なら「メンズファッション　40代　シンプル」などのようにYouTubeの検索窓にワードを入力するわけです。

このとき、検索結果上位にあなたの動画がたくさん並んでいて、視聴者がそれを見て悩みを解決できたとすると、感謝の気持ちが生まれてあなたへの信頼が生まれます。

視聴者が検索するであろう内容を想像し、ハッキング（Hacking）して信頼を構築する方法が検索ハックです。

検索をハックするための3つの方法

検索ハックを実践するためには3つの方法があります。

> ①サジェストワードの動画を作成する
> ②コメント欄から動画ニーズを探る
> ③関連キーワードから悩みを解決する動画を作る

①サジェストワードの動画を作成する

　YouTubeで検索したいワードを入力すると、サジェストワード（検索候補として自動的に提案されるキーワード）が表示されます。サジェストワードは検索されている動画のテーマでもあるので、これらを1つずつ作成して埋めていけば、あなたは人の悩みを解決できるYouTuberになれます。

```
Q  youtube 再生回数
Q  youtube 再生回数 - Google 検索
Q  youtube 再生回数 収益
Q  youtube 再生回数 増やす
Q  youtube 再生回数 カウント 仕組み
Q  youtube 再生回数 非表示
Q  youtube 再生回数 世界一
Q  youtube 再生回数 購入
Q  youtube 再生回数 リアルタイム
Q  youtube 再生回数 カウント
Q  youtube 再生回数 ランキング
```

②コメント欄から動画ニーズを探る

あなたのライバルとなるYouTuberの動画には、視聴者からのコメントがついていることがよくあります。その中には「こんな動画を作ってほしい」「こんな悩みがあるのですがどうすればいいですか？」などのコメントがあります。これらの悩みや希望を参考にして解決する動画をライバルの代わりに作成すれば、視聴者の満足度を得ることができます。

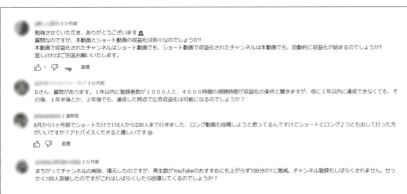

ライバルのチャンネルのコメントに来ている質問をみて、それに応える動画を制作する。

③関連キーワードから悩みを解決する動画を作る

キーワードが検索された回数の推移を調べられるツールに「Googleトレンド」があります。ここに検索ワードを打ち込むと関連キーワードが出てきます。

あるワードを検索している人が他にどういうものを調べているかがわかるわけです。例えば、ダイエットというキーワードを入力すると、「ロングブレスダイエット」「ケトン体ダイエット」などが出てきます（執筆時点）。

これらは、ターゲットの関心の高いワードなので、解決する動画を作るようにしましょう。

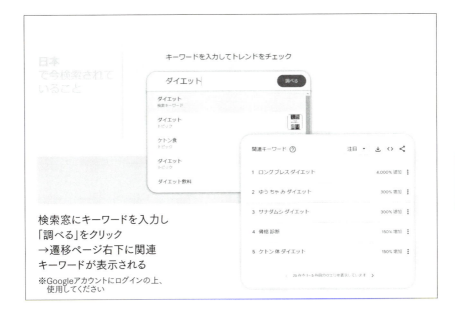

検索窓にキーワードを入力し
「調べる」をクリック
→遷移ページ右下に関連
キーワードが表示される
※Googleアカウントにログインの上、
　使用してください

● 検索をハックできる動画作り

　ただし、検索ハックの3つの方法を実践しただけでは検索上位に表示はされません。検索ハックの3つの方法はあくまでも基本であり、さらに上位表示されるための施策が必要です。

　ここからは、動画制作に関連するポイントになります。詳しい動画の作り方は、次章以降でお伝えするので、ここでは押さえるべきポイントについて簡単にまとめます。意識してほしいのは、次の3点です。

> ①サムネイルのクリック率が高い動画を作る
> ②なるべく長尺の動画を作る
> ③タイトルと概要欄のVSEOを意識した動画を作る

①サムネイルのクリック率が高い動画を作る

これまでにもお伝えしていますが、動画づくりにおいて最も大切なものがサムネイルです。どれだけ内容の良い動画を作ってもサムネイルがダメだとクリックされません（つまり、視聴してもらえない）。ですので、視聴者がクリックしたくなるサムネイルを作成しないといけません。

②なるべく長尺の動画を作る

YouTubeでは、長く見られる動画が検索上位に表示されやすいと言われています。また、現在のYouTubeでは長尺動画が推奨されています。長い動画は視聴者の可処分時間を多く奪うので、他のSNSに移動される可能性を減らせる（YouTubeの価値が上がる）からです。

広告を見てもらえる回数も増えるので、広告収入の部分でもYouTuberにとってはありがたいのです。

③タイトルと概要欄のVSEOを意識した動画を作る

視聴者に検索されているキーワードを動画のタイトルや概要欄に入れておくことで検索上位に表示されやすくなります。

検索をハックできるYouTube動画の作り方

1 サムネイルのクリック率が高い動画

2 長尺動画

3 タイトルと概要欄のVSEOを意識している動画

● 2.動画のクオリティ

さて、信頼構築の話に戻ります。次に意識すべきは動画のクオリティです。

これはシンプルに「動画のクオリティを上げていきましょう」ということです。

具体的には3つのポイントがあります。

> ①ライバルよりも長尺の動画を作る
> ②台本の中に共感性を混ぜてファン化を促す
> ③たとえ話で初心者でもわかりやすい動画にする

①ライバルよりも長尺の動画を作る

ここまで何度か長尺動画について触れていますが、**動画は「ライバルよりも長い」ものを作ること**を前提にしてください。ジャンルによっては短い動画でも信頼を構築できますが、基本はライバルより長い動画です。ライバルが15分なら、こちらは20分です。さらに、ただ長いだけでなく**ライバルよりも濃い（情報量が多い）**動画を発信することで、「他のYouTuberよりもあなたのほうがいい」と視聴者に思ってもらえ、信頼度が上がります。

私自身、チャンネル登録者数1,000人くらいの頃にこの施策を行い、ライバルだったチャンネル登録者数4万人のYouTuberに勝つことができました。

②台本の中に共感性を混ぜてファン化を促す

動画を作る際には必ず**台本を事前に準備**します。このときに**「共感性の高い内容」**を含めることで視聴者との距離が近づき、信頼を得ることができます。視聴者は悩みを抱えて動画を見ているわけですから、その

悩みに寄り添い、一緒に解決する姿勢を見せるようなメッセージや、感動を誘うようなストーリーを混ぜ込みましょう。台本については第5章で詳しくお伝えします。

③たとえ話で初心者でもわかりやすい動画にする

ビジネス系でも美容系でも、視聴者は基本的に「初心者」です。もちろん、中には詳しい人も一定数いますが割合としては少ないと考えてください。

ですから、動画を作る際は自分の中で「初心者にも理解しやすいわかりやすいたとえ話」のレパートリーを増やしておきましょう。すると信頼を得られます。

私もここまでに「石ころ」や「ラーメン」のたとえ話をしてきました。

たとえ話のコツは物事の構造や階層を「誰もが知っているものにたとえること」です。訓練で鍛えられるので日頃、人と話す時に意識してやってみてください。

信頼を得るためのYouTube動画の作り方

動画のクオリティー

ライバルより
長い動画

ファン化しやすい
台本構成

わかりやすい
たとえ話

3.循環率を上げる

1つの動画を見た視聴者がそれだけでファンになることはなかなかありません。そのため、**循環率を上げるテクニック**が必要です。あなた自身、視聴者の立場に立ってみると共感してもらえるのではないでしょうか。

例えば、私の動画を初めて見た人は最初「何だ、この怪しいサングラス野郎は」と思うのではないでしょうか。
視聴者にとって、有名でもない新規のYouTuberなんてみんなそんなものです。
動画を1本見て内容が良かったら「いいね！」とは思うかもしれませんが、それだけで信頼をしたり、ましてやその人から何かを買おうなどとは考えないものです。

信頼は複数の動画を見るうちに深まっていきます。だからこそ続けて動画を見てもらうための工夫が必要になってきます。

連続して動画を見てもらうための3つの方法

連続して動画を見てもらうために、3つの施策を取ることができます。ちなみにこの3つは、登録者数よりも再生回数が多いYouTuberが必ずと言っていいほどやっていることなので必ず実践してください。

①エンディングで他の動画を促す
②動画の中で関連する動画を紹介する
③再生リストを作成し、まとめて見てもらう

①エンディングで他の動画を促す

　YouTubeの基本機能に「終了画面（エンドカード）の作成」があります。動画の最後の5〜20秒で他の動画を宣伝したり視聴者にチャンネル登録を促したりする目的で利用します。ここのエンディングに、今回の動画に関連する動画や、省略した部分を詳しく解説している動画、おすすめの動画を貼り付けることで、他の動画に飛んでもらえる可能性が上がります。

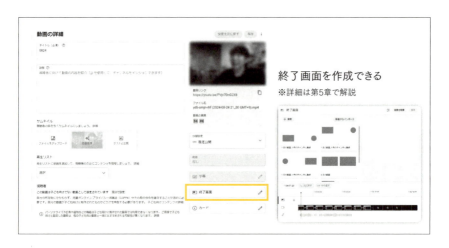

②動画の中で関連する動画を紹介する

　1本の動画の中で話題が派生してしまうときや、細かく解説するには時間がかかりすぎてしまう（本来の趣旨から外れる）ような場合に「これについては『〇〇』という動画で詳しく解説しています」と自分の他の動画を紹介します。

　すると、興味のある人が移動してくれてその動画の再生回数も回ります。

　私の動画を見たことがある人なら、私がこれを多用しているのがわかると思います。

③再生リストを作成し、まとめて見てもらう

　YouTubeの基本機能「再生リスト」を活用することで関連する動画（シリーズ物の動画）を集めたり、動画全体をまとめて順番に見てもらうことができます。

　これ以外にも動画の概要欄やコメントに関連動画のURLを貼り付けるのも効果的です。これらの活動に力をかけ、ファン化・信頼構築を目指してください。

4.他のYouTuberとの差別化

最後は他のYouTuberとの差別化ですが、まずは「差別化」について正しく定義しておきます。

差別化というと、多くの人は「とりあえずライバルとは違うことをしよう」と考えがちです。ですが、これは**「劣化」**です。差別化とは**「相手を超える違いを出すこと」**です。

・**差別化**：
ライバルを超える違いを出すこと
もしくはライバルとは異なる層の視聴者を獲得すること

・**劣　化**：
何でもいいから相手と違うことをしようとすること

劣化の例としては次のようなものが挙げられます。

・Dがサングラスをしているからと言って「じゃあ、俺はアフロだ」とよくわからない被り物をする
・ライバルよりテロップを増やそうと、動きまでつけて見づらくしてしまう
・変な語尾をつけて話を聞きづらくしてしまう
・BGMを派手にしすぎてトークを邪魔してしまっている

これらはすべてマイナスであり、劣化です。

他にも劣化の例は挙げられると思いますが、とにかく**視聴者に余計な雑音を感じさせるものはすべてマイナス**です。

このことをあらかじめ理解しておいてください。

正しくライバルと差別化するための4つの方法

その上で、正しく差別化するためにやるべきことが次の4つです。

①キャラクターを印象付ける目印を作る
②ライバルとは違う年代をターゲットにする
③自分だけが提供できるストーリーを語る
④自分のテーマカラーを設定する

①キャラクターを印象付ける目印を作る

目印は必ず行わなければいけないわけではありません。ただ、やっておくと次の動画を出したときに目を向けてもらいやすくなります。

実行するときは「視聴者が不快にならない」を基準に考えてください。前述の劣化の例はすべて不快になるものばかりです。

他にも「顔出しをしない」「首から下だけ出す」なども目印になります。男性YouTuberしかいない市場に女性YouTuberが入る（逆も然り）、清楚系の女性YouTuberばかりのところにボーイッシュな女性YouTuberが入るのも目印になります。

②ライバルとは違う年代をターゲットにする

差別化の定義に「ライバルの視聴者とは異なる視聴者層を獲得する」というものがありました。ライバルが20代～60代と幅広いターゲットで展開しているなら、あなたは「40代」をターゲットにして特化するのです。すると、その年代層があなたのところに殺到します。

③自分だけが提供できるストーリーを語る

あなたにはあなたにしか語れないストーリーが存在します。
例えばダイエット系であれば「好きな人に振られたけど『絶対に痩せ

て振り向かせてやる』と思って、がんばって痩せた」というのがストーリーになります。

　どこにでもありそうな話に思えるかもしれませんが、その境遇に共感する視聴者は必ずいます。動画の中で少しずつ出していきましょう。ストーリーの内容は自分のことなので考えやすいと思います。一度考えてみてください。

④自分のテーマカラーを設定する

　視聴者が一発で認識できるような「色」をテーマとして設定します。例えば私であれば「赤」がテーマカラーで、サムネイルや動画で表示するスライドも赤を基調に作成しています。

　サングラスもそうですが「あの人と言えばこれだよね」と思われる統一感のある色で特徴を出し、差別化していきましょう。

差別化は正しく！

ま と め

検索ハック

① サジェストワードの動画を作成する
② コメント欄から動画ニーズを探る
③ 関連キーワードから悩みを解決する動画を作る

動画のクオリティ

① ライバルよりも長尺の動画を作る
② 台本の中に共感性を混ぜてファン化を促す
③ たとえ話で初心者でもわかりやすい動画にする

循環率を上げる

① エンディングで他の動画を促す
② 動画の中で関連する動画を紹介する
③ 再生リストを作成し、まとめて見てもらう

差別化を図る

① キャラクターを印象付ける目印を作る
② ライバルとは違う年代をターゲットにする
③ 自分だけが提供できるストーリーを語る
④ 自分のテーマカラーを設定する

伸びていないのに
アナリティクスを見る必要はない

　YouTubeで動画投稿を始めると、必然的に**「YouTube Studio」**（スタジオ）という機能を利用することになります。
　YouTube Studioは動画投稿者が自分のチャンネルを管理し、動画に対する視聴者の反応やニーズを分析するためのツールです。クリック率や視聴者維持率などの重要な指標を見ることができます。

　動画投稿を始めた段階で陥りがちなミスとして、YouTube Studio内のアナリティクスを見て一喜一憂してしまうことがあります。
　ですが、はっきり言ってしまうとこれは**時間のムダなのでやる必要がありません**。
　誤解のないようにお伝えしておくと、私のようなプロデュース業をしている人間であれば、アナリティクスは見る価値があります。私であれば同時並行で40チャンネルくらいをプロデュースしているので、各チャンネルのアナリティクスを比較することで効果検証ができます。

　ですが、アナリティクスを見るのは再生回数が伸びていることが前提なので、**動画投稿を始めてこれから伸ばしていこうという段階では見ても意味がありません**。
　そんな時間があるくらいだったら、**ライバルのバズっている動画を見つけて、自分のネタの参考にするリサーチ活動をするほうがよっぽど有意義**です。バズっている動画を参考に、きちんと自分の動画に落とし込むことができれば再生数を伸ばせます。最初の段階では内部よりも外部に目を向けましょう。

ただ、こう書くと次のように感じるかもしれません

「自分の動画でもネタごとに見比べたら意味があるんじゃないの？」

はっきり言いましょう。**意味ない**です。
例えば私の動画で「再生回数を伸ばす方法」系の動画と「サムネイルをスマホだけで簡単に作る方法」系の動画がありますが、この2つはネタが違うので需要も違います。
当然、求めている人口も違うので比較しても意味がありません。

あえて数字を確認するときのポイント

強いて言うのであれば、アナリティクス内の**「視聴維持率」**と**「クリック率」**に関しては見てもいいかもしれません。

視聴維持率は「視聴者が動画をどれくらい見続けたか」を示す指標です。YouTube Studio内の「アナリティクス」から確認したい動画を選択し、飛んだ先の「概要」で確認できます。
視聴維持率が下がった箇所＝視聴者が動画から離脱している箇所となります。視聴者がいつ離脱したのかがわかれば、原因を考察して次の動画に反映させることができます。

ただ、このときもあらかじめ知っておいてもらいたいのが、視聴者の多くは**「冒頭の30秒で必ず離脱する」**ということです。
冒頭での離脱が40％を超えている場合は確実に何か問題があり、改善すべきです。逆に30％前後であれば特に問題がないと考えられます。

クリック率は**「その動画が表示されたユーザーのうち何％がクリックして動画を見始めたか」**の指標です。
つまり、**サムネイルの評価指標**になっているわけです。先述した通り、

YouTubeにおけるサムネイルは超重要な要素です。似たようなネタの動画でも、サムネイルに違う言葉が使われているだけで再生数が変わります。
「どの言葉が視聴者に響いたのか？」「使っている写真はどうか？」「文字はどちらの方が見やすいか？」など、その要因を細かく比較分析することで、サムネイルの技術も上がっていきます。

　この辺りのことを予備知識として身につけた上で、自分の動画が面白いのか面白くないのかを判断してください。

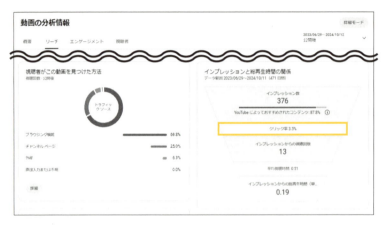

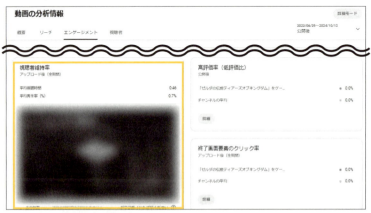

まとめ

アナリティクスは

見なくていい！

一喜一憂する時間がムダ！

▼

1本でも多くライバルの バズっている動画を研究するべし

強いて言うなら意味ある指標

| 視聴維持率 | クリック率 |

視聴維持率が下がった場所
＝
視聴者が離脱している箇所

サムネイルの
評価指数

▼　　　　　　▼

原因を分析して解消　　**良かったサムネイルの要因分析**

第3章　伸びてる人は知っているYouTube超戦略

再生回数を増やすために"やってはいけない"2つのこと

　ビジネス系YouTuberとして活動していて、最初はどうしても再生回数の伸びが良くなかったり、ここまでお伝えしてきたようなことを面倒に感じてしまうことが起こり得ると思います。
　ですが、そんなときでも絶対にやってはいけない手段があります。
　これは「やらないほうがいいですよ〜」という温度感のものではなく、**やってはいけないこと**です。絶対に、です。
　クドいくらい言ってしまいましたが、具体的には次の2つです。

> 1. 広告で再生回数をブーストする
> 2. 再生回数そのものを購入する

　この2つを実行することで、確かに一時的に再生回数は伸びます。ですが、かなりのマイナス効果を後に発揮してしまいます。
　1つずつ解説していきましょう。

● 1.広告で再生回数をブーストする

　私はYouTuberのプロデュースをしていますが、企業経営をしている方のところに「YouTubeで広告を出しませんか？」という話が来ることをよく教えてもらいます。
　そんなときに私は広告を出すデメリットをお伝えしているのですが、その前に、まず知っておいてもらいたいのはYouTubeの広告には2種類あるということです。

> ①YouTubeから別の商品ページに飛ばす広告
> ②自分の動画やチャンネルに飛ばすための広告

①はサプリメントだったり、エステだったり、何かの講座だったりと、広告をクリックすることで、広告している商材を販売する別ページに飛ばされる広告です。YouTubeを無課金状態で利用している人なら一度は見たことがあると思います。

②も①と同じですが、飛ばされる先が違います。再生されている広告そのものの動画に飛ばされて、再生回数稼ぎに加担させられたり、チャンネル登録を促されます。

危ないのは②の広告です。
②の広告に頼ると**最悪のケースとしてチャンネルが壊れます**。

有名YouTuberでもチャンネルが壊れている人がいる

「チャンネルが壊れる」がどういう状態かというと**「チャンネル登録者数に対して明らかに再生回数が回っていない状態」**です。なぜチャンネルが壊れるかというと、そもそも広告を使うと再生回数は後々になって伸びにくくなるからです。
　そのプロセスは次の3段階で説明できます。

> 広告経由の視聴者は継続的に動画を見ないことが多い
>
> 初動の再生回数が伸びなくなり、再生回数が増えなくなる
>
> 最悪の場合、広告を打たないと動画が伸びなくなる

第3章　伸びてる人は知っているYouTube超戦略

特にYouTubeは**初動を大切**にしていて、チャンネル登録者数が100万人もいるのに初動で数百回〜1,000回程度しか回らない場合、おすすめに上げようとはしなくなります。

YouTubeはいかに人をとどめ続けるかが、ビジネスの成果を左右します。つまり、YouTubeはYouTubeで、求められた成績に応えるために、最適な動画をおすすめしてくるのです。

チャンネル登録者が100万人以上もいるのに直近の動画が1万回くらい（もしくはそれ以下）しか再生されていない有名YouTuberは、負債を抱えているようなものです。

ちなみに私も昔、今のYouTubeマスターDのチャンネルとは別に再生回数を伸ばすために5万円くらいをかけて広告を出したことがあります。結果、登録者数は3,000人くらいにまで増えましたが、その後の動画は100回程度しか見られなくなりました。

再生回数を伸ばすための広告はドーピングのようなもの

広告と言えば、打つことで売上につなげられる確かなイメージがあると思います。

ですが、YouTubeにおいて特に商品ページではなく自分のチャンネル登録者数を増やすために広告を打つのは、上記の広告とはまったく種類が違います。

動画が伸びるのは「伸びる素質」があるからです。

それにもかかわらず広告を出して再生回数を伸ばそうとする行為は、本来は伸びない、YouTubeがおすすめしない動画を、無理やりドーピングで押し上げているようなものです。

動画のポテンシャルを無視して再生回数を増やしても、視聴者を魅了するような伸びる動画にはなりません。それどころか、**面白くないことが多くの人にバレて、逆ブランディング**になってしまいます。

ですから、広告をおすすめしないのです。

　ドーピングを使って本来の自分の力とは違う力を得るようなことを考えず、地道に視聴者の悩みを解決できる動画を1本ずつ積み上げていきましょう。
　そこにかけた時間や労力は後々になって自分の財産になります。

2.再生回数そのものを購入する

「再生回数の購入」はデメリットだらけです。そのようなサービスを販売している人から声がかかっても、絶対に手を出してはいけません。広告と同じく、チャンネルが壊れてしまいます。
　ここでは3つのデメリットをお伝えしましょう。

> ①BOT（ボット）が動画を再生するだけになる
> ②視聴者維持率が悪くなってしまう
> ③視聴者層がバラバラなチャンネルになる

　1つめのデメリットは、再生回数を購入したり、そのようなサービスを購入して増やしてもらっても、BOTが再生するだけだったり、人がツールを使って再生するだけです。ちなみにBOTとは、自動的に特定のタスクや機能を実行するソフトウェアのことです。

　どちらの場合でも再生回数自体は伸びますが、決してファンが増えているわけではありません。
　要するに**「単に数が増えるだけ」**ということです。

　BOTや人がツールを使って数を増やしているだけですから、必然的に**視聴者維持率の低下**につながります。これが2つめのデメリットです。
　そもそも動画の再生回数が上がる＝よりマス向けになるので、比例し

て視聴者維持率は下がります。それでも、無意味な下がり方と仕方のない低下では意味が違ってきます。

　視聴者維持率の低い動画はYouTubeによって「この動画はユーザーにとって価値がない」と思われますので、あなたのチャンネルの動画そのものがおすすめされなくなってしまいます。

　3つめに、**本来届けたい視聴者層に動画が届かない**ことが挙げられます。
　YouTubeは動画をおすすめする相手を選んでおすすめしてくれます。例えば、あなたが猫の動画をアップしているとしましょう。するとYouTubeは猫動画が好きそうな視聴者に向けておすすめをしてくれます。
　ですが、BOTやツールで適当に動画を配信すると、猫にまったく興味のない視聴者に届いてしまう可能性が高いです。

　元々、あなたの猫の動画は猫を観たい視聴者に届いていました。
　ところが再生回数を購入して「猫の動画に興味のない人があなたの猫の動画を見た」というデータができてしまうと、あなたの**チャンネルの視聴者の属性が崩れてしまいます**。チャンネルの視聴者属性が崩れると、YouTubeはどこにおすすめすればいいか迷ってしまい、結果的におすすめに表示されにくくなります。
　当然、クリック率も視聴者維持率も悪くなり、広告と同じようチャンネルが壊れることにつながります。

　チャンネルが壊れると元に戻すのは至難の業なので、結局1からやり直すのがよくあるパターン。
　デメリットだらけなので、絶対にやらないようにしてください。

再生回数を伸ばしたいなら再生回数を伸ばそうとするな!

いかがでしょうか?

広告と再生回数の購入は、再生回数を伸ばす定番の方法です。ですが、そこには落とし穴があるのです。

あなたにはそのような落とし穴に落ちてほしくありません。

結論を言えば、再生回数を伸ばしたいなら「再生回数を伸ばそうとするな!」が正解です。

私たちが本当にやるべきなのは**「視聴者のためを考えること」**です。

私もあなたも、ビジネス系YouTuberという意味においては「クリエイター」の1人です。視聴者がいて、自分のビジネスが成り立っているわけです。

それならば、考えるべきは視聴者のことではないでしょうか?

私は1時間の動画を撮影する場合、事前の準備を除いても2時間以上かけて撮影します。それを圧縮して、視聴者が飽きずに最後まで見て、役に立ててもらえるよう編集しています。もちろん、その前の準備段階から視聴者のことを考えて準備しています。

正直、しんどいときも眠いときもあります。それでも「この動画を見た人のためになる」と思って動画を作っています。

だからこそ、私は自分の動画に自信があります。「視聴者のことを考えて作ったぞ」と胸を張って言える動画を作っています。

自慢をしたいわけではありません。そのような気持ちで作った動画こそが最も再生回数が伸びやすいですし、仮に伸びなかったとしてもチャンネル登録者が増えやすかったりするのです。

そういう意味で**「伸ばそうとせず視聴者のために作ること」が一番の近道**なのではないかと思います。

●「伸びている動画＝視聴者の考えていること」

「視聴者が何を考えているかなんてわからないよ」と思うかもしれません。確かに想像しにくいでしょう。

　ですが、だからこそリサーチをするのです。リサーチのポイントは、次の3つです。

> ・同じジャンル内で伸びている動画（ネタ）をチェック
> ・伸びている動画（ネタ）の基準は
> 　「ショート動画で再生回数10万回以上」
> 　「通常動画で再生回数10万回以上」
> ・もしくは登録者数よりも再生回数が高い動画

　バズっている動画は基本的にYouTubeのアルゴリズムを逆算したときの「正解」です。視聴者が求めていること、考えていることをくみ取って動画にしたことによって再生回数が伸びているわけです。

　正解をたどっていけば視聴者が何を考え、求めているかがわかります。ですから視聴者の考えがわからない人こそ、リサーチを最重要視してください。
　そうすれば、必ずや「正解」を見つけられるはずです。

まとめ

やってはいけない2つのこと

①広告で再生回数をブーストする
②再生回数そのものを購入する

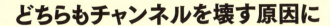

どちらもチャンネルを壊す原因に

再生回数を伸ばしたいなら

視聴者の考えていること

を想像・リサーチして良質な動画を作る

第4章

バズる動画は下準備で決まる!

動画投稿をしても伸びない人がやってしまっていること

本章からは具体的な動画づくりについて解説していきます。

最初に知っておいてもらいたいのは、再生回数が伸びない人の多くは**「根本的な動画づくりの順番が間違っている」**ということです。

あなたなら、YouTubeの動画を作るとき、どんな順番で作業しますか？ 想像でいいので、少し考えてみてください。

……恐らく、多くの人が次の順番で作ろうと思うのではないでしょうか？

①面白そうな動画のネタを考える
▼
②ネタをベースに動画撮影・編集する
▼
③タイトルとサムネイルを決めて
　アップロードする

結論から言います。この順番が間違いなのです。

もう一つ、質問をさせてください。
あなたは、YouTubeの動画を見るとき、どうやって動画を選びますか？

ほとんどの人が次のような手順を踏むのではないでしょうか？

> ①トップ画面に表示されたサムネイルを見る
> ▼
> ②タイトルを見て興味を持ち
> 　クリック(タップ)する
> ▼
> ③動画をみて評価をする
> ▼
> ④チャンネル登録をするかどうかを決める

なぜこのような質問をしたか？

この「視聴者が動画を選ぶときの順番」こそが、動画を作る順番そのものだからです。

YouTubeは「サムネゲー」

これだけは覚えて帰ってください。YouTube動画で、**最初に考えるべきは「サムネイル」**です。

YouTubeは「サムネゲー」と言われるくらいサムネイル重視の世界です。サムネイルで9割が決まると言っても過言ではありません。
第3章でもお伝えしましたが、サムネイルは動画の「顔」です。
動画の内容をどれだけ作り込んでいても、サムネイルが良くないとクリックをしてもらえません。
ですから、まずは**どんなサムネイルが視聴者にウケるか**を調べ、作るところから始める必要があるのです。

サムネイルが決まったら、その内容に即した台本を書いて動画を制作します。そうすることで「顔も性格も良い動画」ができあがります。

この考えに基づくと、動画制作の順番は次の通りになります。

①視聴者にウケるサムネイルを作る
②サムネイルに沿った動画の台本を書く
③台本に則して動画を撮影・編集する

中身は顔を作ったあとで大丈夫。
まずは、第一印象の良さを極めていくのが鉄則です。

● なぜYouTubeは「サムネゲー」なのか？

　YouTubeがサムネゲーだと言われる理由——それはインプレッションに大きく関わっています。

　インプレッションとは平たく言うと「露出」です。YouTube上で誰かの画面にあなたの動画が表示されたら1インプレッションです。

　YouTubeのシステムは動画投稿者に対して等しく露出のチャンスを与えてくれていて、**インプレッション数＝露出した数に対して、クリック率が高い動画を優先しておすすめ**したがります。

　再生回数が伸びていない人は「YouTubeは難しい」と言いますが、実際にはYouTubeはそんな人にもチャンスを与えてくれています。ただその人がチャンスをつかめていないだけなのです。

　クリック率の目安は10％。100回おすすめされたら10回はクリックされていないと、YouTubeはもっとおすすめしようとは思いません。

　この10％を左右する要因のうちの9割をサムネイルが握っていると思ってください。

　視聴者は、面白そうな動画しか見たくありません。その「面白そう」に刺さるサムネを作るのです。

　私がプロデュースしている方の中にも、伸びない理由を動画の中身だと勘違いしている人がいたりします。確かに中身も重要なのですが、私の肌感覚では再生回数1,000回未満の動画はそもそも「動画の中身で判断されるステージ」にまで達していません。

第4章　バズる動画は下準備で決まる！

まとめ

動画作りの正しい順番

①視聴者にウケる
　サムネイルを作る

②サムネイルに沿った
　動画の台本を書く

③台本に則して
　挿画を撮影・編集する

視聴者が
YouTubeの動画を
選ぶときの順番を
意識する

YouTubeは

サムネイルが

9割

サムネイル作りでも
リサーチが何より重要

では、どのようにすれば視聴者にウケるサムネイルを作れるのか、という話になってきます。

答えはシンプルで==伸びているサムネイルのリサーチ==です。
すでに伸びている動画のサムネイルは視聴者に「クリックしたい！」と思わせています。その動画が==「見たい」「気になる」「可愛い」「カッコいい」「知りたい」「おいしそう」==などの感情を喚起し、揺さぶっているわけです。

視聴者にウケる＝実際に伸びているものですから、必然的にこのようなサムネイルが正解ということになります。

● サムネイルをリサーチするときの注意点

リサーチをするとき、1つ、念頭に置いていただいておきたいことがあります。
それは「視聴者から選ばれているサムネイルがなぜ刺さっているか？」の正解は、正確に把握できないということです。

視聴者は動画を選ぶときに**魅力的な画像やワードがあるものをクリック**します。しかしそれが具体的に「何」であるかは、ネタや雰囲気、視聴者の属性によっても変わるので、一概に表現するのがとても難しいのです。
一定の数をこなせばある程度の傾向は見えてくると思いますが、それ

が絶対ではありません。

あえて言うなら、「再生回数が伸びているもの」が正解に一番近いでしょう。ですが、再生回数が多いサムネイルを見つけても、それが**チャンネル登録者数も多いYouTuberのサムネイルであれば参考になりません**。100万人の登録者数がいる動画が100万回再生されるのは当たり前だからです。そのYouTuberを見たくてクリックが発生しています。

一方で、**登録者10万人のチャンネルで、再生回数が50〜60万回**も回っている動画があれば、ファンの力を超え、確実にサムネイルと中身（ネタ）で伸びていることがわかります。

ですから、伸びているサムネイルの中でも**「登録者数が少ないチャンネル」のものを分析する**のが正解です。

もし、**チャンネル登録者数が1,000人で再生回数が1万回**のものがあればとてもいいです。サムネイルが良いだけではなく、動画の力でも伸びているので、ネタの部分でも参考になります。

サムネイルをリサーチする3つの方法

これらのことを踏まえた上でリサーチをしていきます。
方法としては次の3つです。

> ①リサーチ用の新しいアカウントをつくる
> ②YouTubeのフィルタ機能を使う
> ③vidIQの倍数の高いものを見つける

1つめはリサーチ用の新しいアカウントを作る方法です。Googleアカウントごと作ってもいいですし、YouTubeは1つのGoogleアカウントで複数のチャンネルを持つこともできるのでそれでもOKです。

理由は、YouTubeの仕様に関係しています。YouTubeでは特定のチャンネルばかりを見ていると、それに関する動画ばかりがおすすめに出るようになっています。

新しく開設したアカウントで、自分が始めたいジャンルの関連の動画をとにかくたくさん見ていくと、そのジャンルの動画がたくさんおすすめに挙がってくるようになります。

つまり、あなたがYouTubeを運営していくうえで、ライバルにすべきアカウントや、動画のネタ、クリック率の良いサムネを勝手にYouTubeさんがピックアップしてくれるというわけです。

ここでおすすめされるような動画は**YouTubeが激推ししている「今、伸びている動画」**です。人気YouTuberのものも多いですが、チャンネル登録者数が少なくても**再生回数が伸びている動画も表示**されます。

2つめのフィルタ機能は第2章のジャンル確認でもお伝えしたものと同じ方法です。

検索ワードに関連する新しめの動画をソートして探せば、チャンネル登録者数が少なくても再生回数が伸びている動画を見つけることができます。どちらかというとこちらのほうがオーソドックスなやり方かもしれません。

3つめは『vidIQ』を使います。

Outlier score（その動画がチャンネルの平均再生回数を何倍上回っているかを示すスコア）の倍数が高いものを探してください。

基準は**「2（倍）」以上**で、**ベストを言うならば「20（倍）」**のものです。

実際に伸びているサムネイルをリスト化する

リサーチした中で、伸びていると判断できたサムネイルがあれば、**必ず保存してリスト化**しておきましょう。

スプレッドシートなどに**動画のタイトルとURL**を記入して、いつでも見返せるようにしておくのがおすすめです。

後述しますが、**自分のサムネイルを作るときにはオリジナルでは作りません**。すでに伸びているものを自分なりにアレンジをして完成させます。ですから、ベースとなる**「伸びているサムネイル」をストック**しておくのです。

リスト化しておけば「次はこんな動画を作りたい」と思ったときにいちいちリサーチし直さなくて済みますし、作成時間も短縮できます。

リスト化したサムネイルから実際の動画で使うものを決めるポイントとしては、繰り返しお伝えしている**「チャンネル登録者数より再生回数が多い動画」を選ぶ**ことが第一のポイントです。

加えて、次のポイントも加味しておきましょう。

> ①トレンド（流行っているもの）を優先する
> ②直近でライバルが投稿していないものを選ぶ
> ③自分が投稿できるネタで選ぶ

サムネイルが良くても、流行っていないものだったり、つい最近見たような動画であれば視聴者は見飽きているのでクリックしてくれません。

それに、流行っていてもあなたが語れない内容であれば、そもそも動画を作ることができません。

この辺りのことも併せて考えるようにしてください。

まとめ

サムネイルのリサーチの方法

①リサーチ用の新しいアカウントを作る
→自分が始めたいジャンルの関連動画をとにかくたくさん見る

②YouTubeのフィルター機能を使う
→フィルターをかけて新しい動画をソート、伸びている動画のサムネイルを参考にする

③vidIQの倍数の高いものを見つける
→Outlier score2倍以上、できれば20倍のものを見つける

サムネイルはリスト化して管理!

「動画のタイトル」と「URL」をリスト化しておく

- そのネタはトレンドかどうか?
- 直近でライバルが投稿していないか?
- 自分が投稿できるネタか?

を判断したうえでリストに加えよう。

サムネイル作りで
覚えておくべき重要テクニック

ここからは実際のサムネイルの作り方についてお伝えしていきます。

基本として、動画が伸びない人には3つの共通点があり、それをプラスに転換させるだけで、伸びるようになります。

その3つは以下の通りです。

> 1. 基礎クオリティが低い　→　基礎クオリティを高く
> 2. 差別化しすぎている　　→　ベースを真似て差別化
> 3. 訴求が弱い　　　　　　→　訴求を強く or 横展開する

1.基礎クオリティが低い→基礎クオリティを高く

基礎クオリティの低さを物語る代表的なものが**「文字」**です。

文字に**変なフォントを使っていて見にくい**、**文字数が多すぎて（情報量が多すぎて）読めない**、**文字の色合いやデザインが悪くて見づらい**、というようなことです。

文字情報の持つ威力は絶大です。デザインの美しさに勝ります。ですから、視聴者がそもそも何と書いてあるかが読み取れないものは興味を引きません。

フォントは変形文字を使うよりは**可読性の良いゴシック系を使って一目でわかる**ようにするべきです。

さらに、**情報量は最小限にして文字をなるべく大きく**してください。これは、文字が**大きい方が見やすい**ことに加えて、視聴者が**一瞬で受け**

取れる情報だけに絞るためです。情報が多ければ多いほど、脳内での処理が大変になりますので、人間は嫌がるようにできています。

　一方で、**情報が少なすぎてなんの動画かわからなくなってしまうのもNG**です。この辺りは後ろの訴求の部分で詳しくお伝えしていますので、そちらを確認してください。

　デザインについては、この後の差別化で詳しくお伝えしますが、基本的には他の**伸びているサムネイルを真似するのが鉄則**です。あなたも投稿者は違う人なのに、同じようなサムネイルが並んでいるジャンルを見かけたことがあるはずです。

　伸びているサムネイルは、たいていプロのデザイナー、もしくはデザイン感覚の優れた人が作っています。バランスなど、素人が1から作るのは難しいので、知恵を借りましょう。
　よっぽどデザインに自信があれば自分で作ってもいいですが、時間もかかりませんし、分析の要素（デザインなのか、言葉なのか）も増えるので、おすすめはしません。

　基本的にはチャンネルのコンセプトにもよりますが、シンプルで見やすいものがおすすめです。過度に色を使ったり、相性の悪い色を組み合わせると見にくくなるので、使う色も3色くらいに抑えましょう。
　どうしても自分でデザインするのが難しい場合は、プロに外注してもOKです。1,000〜3,000円くらいで作ってくれる人が見つかると思います。

第4章　バズる動画は下準備で決まる！

基礎クオリティが低い

文字が見にくい	情報量が多い	デザインが悪い

基礎クオリティを高くする！

文字が見やすく	情報量は最小限	見やすいデザイン

● **2.差別化しすぎている→ベースを真似て差別化**

　差別化については必要ですが、やりすぎはいけません。
　例えば、図のような**まったく違うデザインにしてしまうのは差別化と言ってもやりすぎ**ています。せっかくライバルの伸びているサムネイルをリサーチして、リスト化した意味がなくなってしまいます。

　差別化をするときは、あくまでも**伸びているものをベースにして少し変えていく**だけでOKです。

● サムネイルをトレースするときの3ステップ

　具体的にサムネイルを作るときは、リスト化したサムネイルからトレース（敷き写し）していくのが基本です。
　トレースの手順は次の3ステップです。

①99％同じものを作る
②画像やワードを変更する
③色や配置を変更する

　この順番は大切なのでこの通りにやってください。違うところから始めると、素人は失敗します。

　何より大事なのは**1から自分のオリジナルのデザインにしない**ことです。プロのデザイナーがやっていることを素人がいきなりできるはずがありません。「自分にはデザインセンスが微塵もない」くらいの気持ちで伸びているものを99％トレースしてください。

　Vlog系なら「4つの写真と真ん中に文字」、ゆっくり系なら「縦4分割で上が画像、下が文字」などのように、ライバルを分析するとテンプレートがあると思うので、そっくり真似をします。大まかなデザインは一緒で構いません。

ただし、==そのままでは丸パクリになってしまうので、ここから少しずつ変更==していきます。

変更するときのポイントは==画像==と==文字==です。
ベースに動画投稿者本人の写真が入っているならそれを自分に変える、もしくはオリジナルのキャラクターに変更します。
文字は、例えばベースにしたサムネイルが『最短最速で登録者数100人達成する方法』なら『3ヶ月で登録者数100人伸ばせた方法』というように要素はそのまま、言い回しを少し変えるくらいで大丈夫です。

さらに、==色や配置を変更==していきましょう。
私のテーマカラーは赤でしたが、トレースするのであれば赤を青に変更するだけでも違うものになります。あなた自身にテーマカラーを設定しているなら、それに変更するといいでしょう。

写真を自分やオリジナルキャラクターに変更するなら、ベースが右側に配置されているなら左側に配置するような変更で構いません。

サムネはこうやって作る！

参考サムネ	自分
最短最速で 登録者数100人 達成する方法	3ヶ月間で 登録者数100人 伸ばせた方法

「ここまでそっくりにトレースしても怒られないの？」
そんな風に思うかもしれませんが、大丈夫（なはず）です。
もちろん、まったく同じなのはダメです。他にも、私の画像をそのまま使ったりすると肖像権の侵害になるでしょうし、私が見つける前に視

聴者がクレームをつけてくるかもしれません。

　ですが、ここで真似しているのは「構図」だけです。構図を99％真似していたとしても、**「画像を変える」「写真の配置を変える」「ワードを変える」「アイコンを変える」「上下の色を変える」** ことでそのサムネイルはもはや別のものになります。

　先ほど例に挙げた「ゆっくり系の縦4分割」は、いつ・誰が始めたかわかりません。ですが、現実にはYouTube上に同じような縦4分割のゆっくり系動画があふれています。もちろん、違う動画投稿者が投稿したものです。

　私も今のジャンルを始めて4～5年が経ちますが、ほとんど同じ構図のサムネイルをよく見かけます。それに対して文句をつけようとは思いませんし、そもそも私のサムネイルでさえも私がオリジナルだと言うつもりはありません。

　まったく同じワードや私の写真を使ったりしない限り、クレームをつける筋合いはないと考えています。

　ただし、気を付けてもらいたいのは「中には文句を言ってくる人もいる」ということです。だから大丈夫な"はず"と言ったのです。

　可能性がゼロではありませんので絶対に大丈夫だとは言いません。

　この辺りは真似する相手を見極めて、コピーではないことを主張できるようにサムネイルを作るようにしてください。

● 3.訴求が弱い→訴求を強く or 横展開する

　最後は訴求ですが、これを意識していない人がとても多いです。

　さっそくですが1つクイズです。次のサムネイルのうち、どちらのワードのほうが「見たい！」と思うでしょうか？

　恐らく、『最速最短で登録者数100人達成する方法』を見たいと思う人が多いのではないでしょうか？

　ポイントは、**ワードに「？」が入っているかどうか**です。「？」が入っていると、視聴者に自信のなさが伝わります。
　訴求とは、相手に行動を引き起こさせるために訴えかけることを意味します。YouTube的には**「見た人の感情を揺さぶる言葉や画像」**です。特にビジネス系では、断言して自信があるように訴えかけるほうが、必然的に訴求は強くなります（エンタメ等の、結果が気になる検証・調査系動画では有効に働く場合もあります）。

「？」や「!?」を使ってしまうとき、「断言することが怖い」「断言するだけの自信がない」という人の心理が働いていることがあります。
　要するに保険をかけてしまっているわけです。
　ですが、それでは視聴者には届きませんし、そもそもビジネス系YouTuberとしての仕事を達成していないと私は考えます。
　むしろ**断言できるくらい勉強したり調べたりして、自信を持って発信する**のが私たちの責任でもあります。
　あなたが「？」や「!?」を使った動画を作っている間にライバルは断言をして、本来あなたが得られるはずだった視聴者を持っていってしまっていると考えましょう。

訴求は「ライバルよりも強く」

基本的に訴求は「**ライバルよりも強くする**」が正解です。

私が「最短最速」というスピードで訴求しているなら、そのスピードを縮めるともっと強くなりますよね。

「たった1ヶ月で」にするとどうでしょう？ 数字があることで具体的になりましたし、ワードが強くなりました。本当に実現できる方法があるなら、私のサムネイルよりもバズる可能性は高いでしょう。

もしくは、「横展開する」という方法もあります。メインのワードを残しつつ切り口をズラすのです。

「最短最速で登録者数100人達成する方法」のメインワードは「登録者数100人」ですから、これズラすと次のようになります。

・登録者数100人 達成できない人 最悪の共通点
・登録者数100人から1,000人まで増やす方法
・登録者数100人 動画5本で達成する方法

「40代ダイエット」であれば、
・40代ダイエット「これ」を食べてはいけない
・40代ダイエット 成功する人の共通点 成功しない人の共通点
・3ヶ月で5キロ痩せられる 40代ダイエット食事法

などで横展開ができます。

● 1つの訴求から複数の横展開をする

　訴求ワードを横展開させることができるようになると、自分自身にもメリットがあります。**1つのネタから複数の動画を作れる**ようになるのです。これは、YouTubeを継続していくうえで非常に重要なテクニックです。

　先ほど例に挙げた『最短最速で登録者数100人達成する方法』の動画では、内容の中で、「達成できない人の共通点」「100人の時の広告収入」「達成した人がやらなかったこと」に触れているはずです。
　そこにフォーカスした動画を別で作るのです。話題の注目ポイントをズラすことで、「全体の内容は近いが『別の動画』」として、1ネタが複数に横展開されます。
　私の肌感覚で言えば、1つの訴求から5〜6個は横展開ができます。ぜひ取り組んでみてください。

　うまく訴求を決めるコツは、事前にリスト化したサムネイル内の伸びている訴求ワードと「伸びる訴求ワード」を合体させることです。

　そして、訴求ワードが決まったら投稿前に必ず検索をしましょう。自分でオリジナルだと思って作ったサムネイルが、すでに誰かに使われている可能性があるためです。作った仮のサムネイルよりももっといいワードや訴求が見つかる可能性もあります。

伸びる訴求ワード50選

おすすめ度	文言	参考例	おすすめ度	文言	参考例
	ネガティブ訴求			**否定訴求**	
★★★	○○後悔	絶対後悔します	★★★	○○するな	絶対するな
	失敗	ダイエット失敗しました		○○やるな	絶対やるな
	○○人は注意	毎日米食べている人は注意		○○NG○○	NGな話し方
	○○危険	10年後は危険です		○○ダメ	食べてはダメ
	○○暴露します	裏技暴露します		○○はしないでください	この副業はしないでください
★★	○○最悪○○	最悪な死に方5選		○○買うな	新型PC買うな
	残念な○○	残念な男		○○やめろ	絶対やめろ
	悪用禁止	悪用禁止		**数字訴求**	
	無能○○	無能なキャラ	★★★	○○％	99％間違ってます
	○○末路	転売ヤーの末路		○○選	稼げる方法12選
	死にます	飲みすぎたら死にます		○○年	10年後オワコン
	死ぬ気で○○	死ぬ気で100万貯金しろ	★★	○○分	3分で作れる
	ヤバい	このあとヤバい		○○日	10日で消えた
	放送禁止	今では絶対放送禁止		○○円	月5万円稼ぐ方法
	ヤバすぎた	この人の正体ヤバすぎた	★	○○秒	10秒で十分
★	○○の闇	美容院の闇		○○倍	5倍効果
	ブチギレ	友達ブチギレ		**権威性の訴求**	
	ポジティブ訴求		★★★	年齢	アラサー、アラフィフ、アラフォー
★★★	爆買い	アウトレット爆買い		月商、年収	月商100万円
	最短○○	最短で稼ぐ方法		医療系	歯科医師
	完全攻略	中学英語完全攻略		元○○	元不動産屋
	攻略法	毎月3万円の節約攻略法	★	税理士	
	始め方	動画編集の始め方		弁護士	
	やったこと	5キロ痩せるのにやったこと		垢抜け	
	○○方法	携帯代を安くする方法		美容部員	
	○○の選び方	冬アウターの選び方		看護師	
	世界一わかりやすい	世界一わかりやすい大人メイク		整体師	
	ランキング	GU秋冬ランキング			
★★	○○増えます	再生回数増えます			
	○○見てください	痩せたい人見てください			
	○○注意	痩せすぎ注意			

第4章 バズる動画は下準備で決まる！

● 作ったサムネイルは必ずスマートフォンでも確認する

　ここまでの内容を踏まえて自信のあるサムネイルができあがったとしても、それをいきなり動画にアップロードしてはいけません。

　最後にもう1つ、やっておくべきことがあります。
　それは**「スマホで確認すること」**です。

　サムネイルを作成するとき、ほとんどの人がパソコンを使うと思います。パソコンの画面は大体13〜15インチ程度、大きい人ならデスクトップのモニターで20インチ以上はあるはずです。

　一方で、動画を見るのはほとんどの人がスマホです。スマホの画面は大きくても6.5インチ程度、その中で再生されるYouTubeのサムネの大きさは、とても小さいはずです。
　つまり、「スマホでも何が書いてあるかわかる」サムネイルを作らなければならないということです。

　ですから、最後にスマートフォンで確認するのは、必須作業なのです。

まとめ

サムネイルで覚えるべき重要テクニック!

①基礎クオリティを高くする

・文字は大きく、見やすい色・フォントで　・情報量は最小限に

②ベースを真似て差別化

①99%同じものを作る　②画像やワードを変更する　③色や配置を変更する
→この順番で作ることでキレイで差別化したサムネイルができる

③訴求を強くする/横展開する

・ライバルよりも具体的な訴求にする　・切り口をずらす

作ったサムネイルは必ずスマートフォンで確認する!

効果検証でサムネ力を上げろ！

　自信のあるサムネイルを作っても、必ずそれが視聴者にウケるとは限りません。もしも反応が良くないときに変更ができるよう、サムネイルはあらかじめ次の**3タイプ**を作っておきましょう。

> ・ポジティブ系
> ・ネガティブ系
> ・〜しています系

例えば「50代ダイエット」のサムネイルの場合次のようになりますね。

・ポジティブ系……『50代で健康的に痩せる方法10選』
　→前向きな表現で訴求をします。

・ネガティブ系……『50代で健康的に痩せられない人の10の共通点』
　→視聴者に危機感を覚えさせる表現で訴求をします。

・〜しています系……『50代で健康的に痩せた人が毎日していた5つのこと』／『50代で健康的に痩せない人、〇〇していませんか？』
　→行動ベースの表現で訴求します。

　3つのタイプ以外にも訴求できる表現は存在しますが、基本はこれで大丈夫です。リサーチの際にもっといいと思えるパターンがあれば、それを拝借するのもいいでしょう。
　また、3タイプ**作っておくのは訴求ワードだけ**で構いません。デザイ

ンはそのままで、例えば人物が入っているならポジティブ系は〇のポーズ、ネガティブ系は×のポーズをしている画像に入れ替えるくらいで十分です。

● A/Bテスト機能で入れ替える必要すらなくなる？

「3つも作るのは良いとして、動画ごとに入れ替えるのメンドクサイな〜」

――そんな風に思っている方に朗報です。
　もう入れ替える必要すらない時代に突入しました。
　YouTubeにサムネイルのA/Bテスト機能が追加されたのです。
　A/Bテストとはインターネットマーケティングで行われる施策判断のための試験の総称のことで、バナーや広告文、Webサイトなどを最適化するために実施するテストの1つです。

ABテスト＝どちらがより効果を出せるのか？

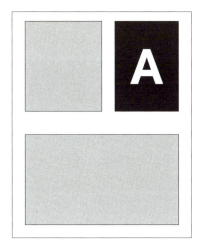

従来、A/Bテストをしようと思ったらYouTuberが自分でサムネイルを差し替えて比較・検証をする必要がありました。しかも、サムネイルのクリック率は投稿してから時間が経つほど下がっていきます。そのため、変更して検証しようにも投稿時期が異なるため同じ条件では検証しきれない問題がありました。

　ですが新機能では、事前に比較したいサムネイルを登録しておけばYouTubeがそれをランダムに表示して、**最もパフォーマンスが高いものを自動で選んでくれる**ようになりました。
　しかも同じ期間中にテストを行うので従来にあったような投稿時期の問題がなくなり、同じ条件で検証できるようになったのです。

　A/Bテスト機能では**最大3つまで**サムネイルを設定できます。
　このような意味でも、事前に3タイプでサムネイルを作成・登録しておくことで、自分で考えなくても最適解を視聴者の目に触れさせることができます。
　この機能を活用するためにも、3タイプのサムネイルを用意しておきましょう。

● 今まで以上にサムネ詐欺ができなくなった

　A/Bテスト機能が実装されたことで面白いことが起きたと私は考えています。それは**「今まで以上にサムネ詐欺ができなくなった」**ということです。

　YouTubeのA/Bテスト機能は「視聴者維持率（平均再生率）」が高いサムネイルを選ぶ仕様になっています。

　AとBの2つのサムネイルを提示して「どちらのサムネイルで動画を見た人が長く動画に滞在したか」を測定しますから、結果的に言えば**サム**

ネイルで期待したものと動画の内容が一致しているものが選ばれるようになります。

　ということは、サムネ詐欺（サムネイルと動画の内容が一致しないこと）の動画は選ばれなくなるので、今までよりももっとできなくなるわけです。サムネ詐欺をすると維持率低下、循環率低下、登録率の低下が起きておすすめの確率も低下するので、これはとてもいい仕様変更だと私は思います。

思わぬサムネ詐欺を起こしてしまわないために

　サムネ詐欺ができなくなったYouTubeの仕様変更は悪質な動画投稿者にとっては悲劇だとは思いますが、きちんとチャンネル運営を行おうとしている人も気を付けなければいけません。
　なぜなら、思わぬミスでサムネ詐欺が起こりかねないからです。

　例えば『運動しないで体重マイナス10キロ』というサムネイルがあるとします。この動画の中身が「毎日5km走って痩せました」では内容が違うのでサムネ詐欺になってしまいます。
　他にも『痩せたいならコレを食べるな！』とヨーグルトの画像をサムネイルで使いつつ、動画で「揚げ物は食べちゃダメ」と言っていると内容的にサムネ詐欺になってしまいます。

　これは動画投稿者本人にそのつもりがなくても起こりがちなミスです。
　これを避けるためには冒頭でお伝えした「正しい動画の作り方」を参考に動画を作ることです。
　ネタ→撮影・編集→タイトル・サムネイルの順番ではこのようなミスが起こりがちですが、逆に「サムネイル・タイトル→台本→撮影・編集（アップロード）」であれば、起こりません。

第4章　バズる動画は下準備で決まる！

他にも、サムネ詐欺になりがちなケースとしては**「外注さんへの情報伝達ミス」**があります。
　動画制作で外注のクリエイターへ依頼するときにタイトルだけを伝えてサムネイルを作ってもらったりすると、中身を知らない外注さんが意図とは異なるサムネイルを作ってしまいかねません。
　YouTubeの仕様変更でこのようなミスが"凡ミス"では済まされなくなってしまいましたので、注意して動画制作を行ってください。

サムネ詐欺

運動しなくても痩せる!?奇跡の方法 ▶ 実際は、運動をしていた。

痩せたいならこれを食べるな! ▶ 一見、ヨーグルトを食べてはいけないような動画に見える
→動画内では、揚げ物系の食べてはいけないものを紹介する内容だった

動画投稿をしたあとのサムネイルの考え方

前項までは動画を投稿する前のサムネイルについての話をしてきましたが、ここからは動画を投稿したあとのサムネイルの考え方について解説していきましょう。

● サムネイルだけが伸びない原因とは限らない

サムネイルを考えて動画を投稿しても、必ずしも動画が伸びるとは限りません。
では動画が伸びないときはどうするか？
基本的にはサムネイルを入れ替えます。

ただし、サムネイルを入れ替えるにはタイミングがあります。
大前提として**「再生回数が伸びない＝サムネが100％悪い」**とは限りません。再生回数が伸びない理由は複数あります。
例えば次のようなものです。

> ①クリックされない
> ②投稿したタイミングが悪い
> ③動画の時間が短い

①「クリックされない」は、**明らかにサムネイルが原因**です。視聴者に「押したい」と思わせないサムネイルなので、変更したほうがいいでしょう。

②「投稿タイミング」は **「伸びそうなネタなのに伸びないとき」** に原因の候補に挙がってきます。

私はガンダムが好きなので、ガンダムで説明しますね。

ガンダムの中で最も人気の機体は大人になった主人公アムロが乗った「νガンダム」というモデルです。もし私がガンプラの制作動画をアップするYouTubeであれば、νガンダムのガンプラの動画をアップすれば再生されやすい傾向にあります。

ですが、2024年1月にはガンダムシリーズの新作として映画『機動戦士ガンダムSEED FREEDOM』が公開されました。この時期であれば映画に登場する「ライジングフリーダムガンダム」の動画のほうが伸びる、というわけです。

このように、タイミングによって伸びるネタ・伸びないネタがあるということも知っておきましょう。

時間訴求も動画には重要

③「動画の時間が短い」について、実は、**動画の時間が再生回数に影響している** 場合があります。これをYouTubeの世界では時間訴求と呼びます。

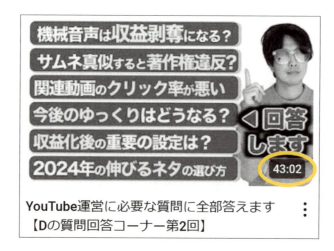

例えば、あなたが古着の情報動画を上げているとします。あなたの動画は10分のところ、ライバルは30分の動画を出してきました。場所は同じ下北沢です。

この場合、あなたの動画のほうが再生数が低くなる可能性があります。なぜなら、あなたの動画は視聴者に「こっちは内容が薄いかも」と思われている可能性があるからです。古着は、どこで買うか、そのお店がどんな系統の服を扱っているかなどの情報も大切な要素。

時間が短いと、実際の内容はそうでなくても、内容が薄いと捉えられてしまうことがあるのです。

さらに、ここまで何度か述べているように、現在のYouTubeでは長尺動画が推奨されています。

10分の動画で5分間見られている動画と、60分の動画で20分間見られている動画であれば、YouTubeが評価するのは後者です。視聴者維持率では50％と33％で差がありますが、「時間」で考えると5分と20分で後者のほうが長いからです。

ライバルの伸びている動画があるとしたらそこに「＋5分」で構いませんので長い動画を作りましょう。

視聴者に長い時間動画を見てもらうためには、すでにある長い動画を真似したほうが早いです。だからこそ、現在のYouTubeでは多くの動画投稿者が真似をして長尺時代になっているわけです。

● ネタによっては伸びるまで時間がかかることもある

もう1つ付け加えるなら**「ネタによって伸びるタイミングが異なる」**ということが言えるでしょう。

次ページの画像は今から約4年前に私が投稿した動画です。現時点の再生回数が約37万回の動画ですが、注目してもらいたいのは右側のグラフの曲線です。

2020年1月に投稿して1ヶ月後の2月の時点での再生回数は1,600回でした。それが3ヶ月後の4月には3万8,000回、半年後の7月には約16万回、1年後の2021年1月には約28万回と指数関数的に伸びています。

　他にも、1月末に投稿した動画が最初は1,000回も再生されなかったのに1ヶ月後に3万回を超えて現在までに約17万回再生された動画や、最初の1ヶ月で3万回だったものが現在までに約38万回再生されている動画もあります。

　このように、動画によって伸びるのに時間がかからないものとかかるものがあります。ですから、伸びないからといって**すぐにサムネイルが原因だと結論づけるのは性急**です。

　ここまでお伝えしてきた理由以外にも、タイトルに原因があって検索されなかったりもするので、決してサムネイルがすべての原因ではないと考えるようにしてください。

サムネイルを入れ替えるべき人・入れ替えるべきでない人

前述した「①クリックされない」について補足します。

自信のあるサムネイルでクリックされない場合はサムネイルを変更することを検討すべきですが、このときにも「入れ替えたほうがいいケース」と「入れ替えないほうがいいケース」が存在します。

【サムネイルを入れ替えたほうがいいケース】
①投稿後24時間以内に100回以上の再生がある人
　→変えることでもっと伸びるポテンシャルを持っている
②投稿して3ヶ月が経過しても想定の再生回数を超えない人
　→初動が終わって想定以下なら変えたほうがいい

【サムネイルを入れ替えないほうがいいケース】
①投稿後24時間以内の再生回数が100回未満の人
　→この時点で変えても意味がない。変化が起きない可能性大
②投稿して3ヶ月未満の人
　→伸びるのに時間がかかることもある。まだ様子見すべき

ポイントは**「投稿後24時間以内の成績」**と**「投稿から3ヶ月というタイミング」**の2つです。

サムネイルを変えることを前提にした場合であっても、変更の可否については基準がありますので覚えておいてください。

「クリック率」は気にするな！

　動画投稿者の中には、「クリック率」が低いとすぐにサムネイルを変更しようとする人がいます。
　ですが、**クリック率は「気にしすぎない」**のが正解です。クリック率は第3章でお伝えした通り、良いサムネ・悪いサムネの要因を研究するためには良い指標です。
　でも、**「そのサムネが評価されているか」は正直どうでもいい**ことです。クリック率が伸びていないと落ち込み、マインドシェアを奪われるのは時間の無駄！

　YouTubeは「1月はAの場所、2月はBの場所」とインプレッションの場所を変えています。
　釣竿を投げても魚はすぐに食いついてきません。じっと待つ必要があります。それにもかかわらず、釣れないからと10分おきに釣り場を変えていては釣れるものも釣れなくなってしまいます。
　YouTubeも同じです。場所が合ったことで、急に爆伸びする動画もあります。ですから、クリック率は気にしすぎなくてOKなのです。

　あなたがやるべきは、**どういうサムネが良いか／悪いかを常にライバルと比較し、研究すること**です。
　YouTubeのインプレッションは私たちに操作できることではありません。それならば伸びていないときは「研究する＝学ぶ・比べる」「投稿する」「スキルを身につける」など、私たちにできることをしましょう。

まとめ

サムネイル以外の伸びない原因

・**動画の時間が短い**

→内容量が薄いと思われ、クリックされない

→評価されるのは視聴維持率ではなく視聴時間。
　ライバルより5分でも長い動画を

・**動画アップのタイミングが悪い**

→動画のネタが旬でない

→投稿して時間がしばらくたってから伸びる動画もある

サムネを入れ替えるべき人

①24時間以内に100回以上の再生がある人

②投稿して3ヶ月が経過しても想定の再生回数を超えない人

投稿して24時間＆3ヶ月がサムネイル変更のタイミング

再生回数を伸ばすためには タイトルも重要

　再生回数を伸ばすために大事なものはサムネイルだけではありません。タイトル、概要欄も重要になってきます。
　まずはタイトルの考え方、付け方、注意点から解説していきます。

● タイトルは「お店の看板」

　最初に覚えておいてもらいたいのは「タイトルとは何のために存在しているのか」ということです。
　先に答えを言うと**タイトルは「お店の看板」**です。ラーメン店でも中華屋でもイタリアンレストランでも、看板を見ておいしそうに思えなければ入らないと思います。
　同じようにタイトルが面白そうだったり、役に立ちそうだったり、悩みを解決してくれそうでなければ視聴者はその動画を見ようとはしません。人間のお腹と同じで可処分時間にも限界があるからです。

　さらにタイトルは、看板として**「集客」の役割**を果たします。
　ラーメン店なのに看板に「ラーメン」と書いていなければ何のお店かわかりません。わからないお店に人は入りません。
　同じようにタイトルにも、例えば「パスタの動画」なのであれば「パスタ」の文字が入っていないとパスタを作りたい・知りたい視聴者には見てもらえません。
　さらに言えば、パスタにもペペロンチーノやカルボナーラやナポリタンがありますから、より絞ったターゲットに検索をしてもらい動画を届けるためには詳細な文言を入れなければいけないのです。

私によく相談に来る再生回数が回っていなかったり、チャンネル登録者が100人に満たないようなチャンネルでは、ほぼすべてといっていいくらいタイトルが悪いです。というか、ぶっちゃけムチャクチャ悪いです。

　タイトルが悪いとYouTubeのおすすめに選ばれませんし、関連動画にも載れません。必然的に再生回数が伸びませんし、チャンネル登録者も増えません。

● 伸びるタイトルをつける3つのポイント

　これを改善するためには、タイトルを強化していかなければいけないのです。強化するためには、「どんなタイトルをつけたら視聴者の興味を引けるか、面白いと思ってもらえるか？」と「どのようなタイトルをつけたらYouTubeで検索されやすくなるか？」を念頭に置きましょう。

　その大前提を踏まえたうえで、次の3つを意識してタイトルをつけていきます。

> 1. 検索されたいワードを先頭に持ってくる
> 2. 伸びている動画のワードをリサーチする
> 3. タイトルの文字数を30文字程度に収める

それぞれ詳しく解説していきます。

1. 検索されたいワードを先頭に持ってくる

　ジャンルを選び、コンセプト化したチャンネルを立ち上げた時点で、あなたには**視聴者に検索してもらいたい「メインワード」や「訴求ワード」**があるはずです。

　これを**タイトルの先頭**に持ってくるようにします。

　ペペロンチーノを作る動画であれば最初に「ペペロンチーノ」という

単語を持ってきます。タイトルとしては『ペペロンチーノの作り方 三ツ星シェフが10分で教えます』のようなイメージです。

　ただ、これは絶対ではなく"なるべく"で構いません。
　強いライバルであれば必ずこのような施策をしているので、同じようにすると高確率で被るからです。その場合は後述するインパクトワードなどを使って差別化を行います。

2. 伸びている動画のワードをリサーチする

「そもそもどんなワードを入れるかがわからない」という人は実際に伸びている動画をリサーチして、キーワード選定を行いましょう。
　すでに動画を伸ばしているライバルがいますから、その人を参考にするのが確実で手っ取り早いからです。
　ライバルのキーワードを調べる方法は2つあります。

①**YouTubeのフィルタ機能を使う**
②**『ラッコキーワード』を使う**

　1つめはこれまでに何度も登場しているYouTubeのフィルタ機能です。
　ポイントは、**できるだけ最近の動画で伸びているものを参考にする**ことです。再生回数が100万回あっても1年前の動画だと時間をかけて伸びた可能性もあるからです。

　2つめの『ラッコキーワード』はマーケティングで使える無料の分析ツールです（有料版もあります）。
　検索窓に「パスタ」と打ち込むと、パスタのあとにどんなサジェストワードで検索されているかの一覧が出てきます。
　一般の検索で使われているサジェストワードなので、世間のニーズを拾い上げるために有効だと私は考えています。

ただし、注意点もあります。

それは==「検索しづらいワードを使わないこと」==です。

例えばパスタを調べる際に「PASUTA」とローマ字で打ったり、平仮名のものを漢字にしたりと、普通ではしないような文字列で検索をすることです。

基本は==「スマートフォンで打つときに面倒くさくないワード」==で調べるようにしてください。

3. タイトルの文字数を30文字程度に収める

タイトルをつけるときの悪い見本が2つあります。

それは==「詰め込みすぎなタイトル」==と==「短すぎるタイトル」==です。

YouTubeのタイトルは最大60文字まで入れられますが、実際に画面上に表示できる文字数には限りがあります。ベストな文字数が30文字程度です。

詰め込みすぎなタイトルの例は次の通り。

『普通の主婦がプロ顔負けのカルボナーラを電子レンジだけ、フライパンなし、包丁なしで10分で作ってみた。子供大喜び！』（55文字）

文字数が多いですし、タイトルの中で「何を打ち出したいのか＝主役」がわかりません。

では、このようにするとどうでしょう？

『電子レンジだけでプロ顔負けのカルボナーラを普通の主婦が作ってみた』（32文字）

プロ並みの料理の腕を持っていない人に向けて電子レンジで簡単にカルボナーラを作れることが一発で伝わるようになったと思います。

次に短すぎるタイトルですが、次の2つを見てください。
この2つのタイトルのどちらの動画を見たいと思いますか？

A：初心者でも動画編集で月収100万円稼ぐ方法
B：動画編集で稼ぐ方法

恐らくAだと思います。有名人や、有名編集者でもBでは無理かもしれません。

タイトルの文字数は**「短いよりも長いほうがいい」**です。
ただそれでも、**長すぎて詰め込むのはNG**です。ですから30文字前後に収まるように調整してつけるようにしてください。

● インパクトワードとパワーワードと関連キーワード

「1．検索されたいワードを先頭に持ってくる」でお伝えした差別化について、もう少し補足をしましょう。
そもそも、タイトルがその役割を果たすためには次の条件を満たしていなければいけません。

- サムネイルと動画の中身との間に整合性がある
- 視聴者が思わずクリックしたくなる魅力がある
- YouTubeのアルゴリズムを意識したワードが入っている

この3つの条件を満たすのが「①インパクトワード」「②パワーワード」「③関連キーワード」の入ったタイトルです。これらの3つがすべて入っているタイトルは検索にも引っかかりやすいですし、クリックされやすく、おすすめや関連動画にも載りやすくなります。

①インパクトワード

インパクトワードとは、動画を視聴者に印象づけるために記号的に使う言葉です。

【閲覧注意】
【悪用厳禁】
【永久保存版】
【202X年版】
【有料級】

などのインパクトワードがついた動画を一度は見かけたことがあるのではないでしょうか？　これをつけるだけでも差別化になります。

②パワーワード

パワーワードとは、視聴者が思わずクリックしたくなる魅力的な言葉のことです。

「日本人の9割が知らない」
「小学生でもわかる」
「たった○日でできる」
「～の方法○選」

などが該当します。

パワーワードは他にもあります。ライバルが使っているものを拝借するのもいいですし、もしも自分で考えたいときは次のことを意識しながら考えてみてください。

> ・簡単さをアピールしている：○○でもできる
> ・ターゲットの不安を煽る：○％の人が間違っている
> ・手軽にできる：○○をするだけで（使うだけで）
> ・具体的にイメージできる：たった○日で、～の方法○選

③関連キーワード

　関連キーワードは検索されたいメインワードや訴求ワードのことです。YouTubeのアルゴリズムを踏まえて、関連動画に載りやすくなることを意識しています。

　ちなみに、インパクトワード、パワーワード、関連キーワードを意識して仮のタイトルを作ると次のようになります。

『【2024年版】中学生でもできる！　動画編集で月収100万円を稼ぐ方法』

　それぞれインパクトワードが【2024年版】、パワーワードが「中学生でもできる！」、関連キーワードが「動画編集」に当たります。
　さらに「月収100万円を稼ぐ方法」にもパワーワードと関連キーワードが入っています。「月収100万円」「稼ぐ方法」はどちらもパワーワードですし、さらに「稼ぐ方法」自体は他にも稼ぐ系の動画をアップしているYouTuberの関連動画にも載りやすくなるキーワードです。

　　　インパクトワード　　　　　　　　　関連キーワード
【2024年】中学生でもできる！動画編集で月収100万円を稼ぐ方法
　　　　　　パワーワード　　　　　　　　　　　パワーワード＋関連キーワード

タイトルをつけるときの注意点

　ここまでタイトルをつけるときのポイントについて詳しく解説してきましたが、サムネ同様、タイトルを過激にしすぎて、「釣り動画」になってしまう場合があります。
　釣り動画を作ってしまうと一瞬は再生回数が上がっても後々、再生回数が上がらない動画になってしまいます。

当たり前ですが「だまされた！」と思った動画投稿者の動画を次も見たいと思う人はいません。むしろ嫌いになるでしょう。

　一番怖いのは**視聴維持率が下がり、おすすめや関連動画に載りにくくなること**。
　釣り動画は視聴者が短時間で離脱しやすいので必然的に視聴維持率は下がります。視聴者がBADボタンを押すこともあって動画の評価は悪いものになります。
　評価の悪い動画をYouTubeはおすすめに載せようとはしません。

　さらに、YouTubeでは一度クリックされた動画は関連動画に載りやすい傾向があります。もしも釣り動画をクリックされた場合、その動画はおすすめされやすくなってしまいます。さらに仮に関連動画に同じYouTuberの別動画があっても、視聴者はそれを見ようとはしません。「どうぜまた釣りだろう」と思われるだけです。
　次第にYouTubeのシステムは「このYouTuberの動画をおすすめに挙げてもムダだ」と判断し、おすすめや関連に載せなくなるでしょう。

タイトル訴求ワード50選

ポジティブ訴求	新企画	逸話	史上最速	重大発表	伝説	検証	史上最大
	あるある	有料級	プロが教える	超簡単	徹底解説	雑学	ルームツアー	ありがとうございました
	実話	初心者必見	神回	衝撃	調べてみた	爆買い	完全版	
トレンド訴求	急展開	ご報告	最速最短	近況報告	202X年	最先端	速報
数字訴求	○○代	たった○分	9割が知らない	99％が知らない			
ネガティブ訴求	危険	閲覧注意	悲報	警告	史上最悪	要注意	号泣
	絶望	怖すぎ	絶対見るな	謝罪	知らないと損	恐怖		
否定訴求	絶対やめろ	絶対買うな	今すぐやめろ	絶対NG			

まとめ

伸びるタイトルのつけ方

①検索されたいワードを先頭に持ってくる

- 検索されたい「メインワード」「訴求ワード」をなるべく頭に持ってくる

②伸びている動画のワードをリサーチする

- 検索されにくいワード(文字列)は使わない

③タイトルの文字数を30文字程度に収める

- 短すぎるのはNG。詰め込みすぎもNG。

より良いタイトルにするために

①インパクトワード

【閲覧注意】
【悪用厳禁】
【永久保存版】
【202X版】【有料級】

②パワーワード

- 日本人の9割が知らない
- 小学生でもわかる
- たった〇日でわかる
- 〜の方法〇選

③関連キーワード

メインワードや訴求ワード

概要欄を充実させる4つのメリット

　再生回数を伸ばすために重要な施策として、本章の最後に**「概要欄」**の解説をします。概要欄は、動画投稿者が視聴者に向けて動画の詳細を書き込むスペースのことで、タイトルのすぐ下に視聴者の目に入りやすいようグレーの枠でスペース化されています。YouTubeでは、この概要欄を充実させることで4つのメリットがあります。

> 1. VSEOで検索上位に表示されやすくなる
> 2. 動画の循環率（リピート率）が伸びる
> 3. 動画の視聴維持率を伸ばすことができる
> 4. 自分の商品・サービスへの誘導ができる

1. VSEOで検索上位に表示されやすくなる

　概要欄を充実させることでVSEO対策ができ、YouTubeやGoogleにあなたの動画を上位表示させることができます。

　VSEOを意識した動画概要を書くポイントは次の3つです。

> ①動画概要がわかる簡単な説明文を300文字で作る
> ②概要欄の1行目は動画のメインワードを入れる
> ③動画のメインワードを文章内になるべく多く使う

　まずは「動画の概要がわかる簡単な説明文」を300文字ほどで作り、1行目には必ず「メインワード」を入れてください。例えば「再生回数を伸ばす方法」がメインワードなら、その一節を必ず1行目に入れるよ

うにするのです。

そのあとの文章の中でも「再生回数」「伸ばす方法」などのメインワードをなるべくたくさん使って300文字を目指してください。

> 今回の動画では再生回数が伸びてるYouTubeにオススメのサムネイルデザイン12選を紹介しました。
>
> YouTubeで再生回数を伸ばす上でサムネイルは一番大事といっても過言ではありません。
> サムネイルはデザインを変えるだけで、文字が見やすくなるだけではなく相手にインパクトを与えることで、クリック率が上昇します。
>
> サムネイルのクリック率が上がることで、検索上位に表示されやすくなったり、おすすめに表示されやすくなる傾向があります。
>
> この動画では
> ➡YouTubeのサムネイルのクリック率を伸ばしたい人
> ➡サムネイルのデザインに困っている人
> ➡サムネイル作成を短縮したい人
> にオススメです。
>
> YouTubeマスターDのチャンネルではYouTubeの攻略方法に特化した動画を配信していきますので、いいね、チャンネル登録お願いします！

2. 動画の循環率（リピート率）が伸びる

概要欄に**自分の関連動画や再生リストのURLを貼り付ける**ことで視聴者がその動画をクリックして他の動画を見てくれやすくなります。すると循環率が上がります。

あなたの動画がおすすめに出やすくなりますし、その視聴者があなたの動画を見れば見るほど、もっとその視聴者にあなたの動画がされるようになります。

本編の内容に関連したURLを貼り付けるときのポイントは次の通りです。

> ①関連動画に飛んでもらって循環率を上げる
> ②URLのリンク先がどんなものであるかを説明する
> ③動画内で関連動画を概要欄に貼っていることを伝える

URLを概要欄に貼っておくことで視聴者は動画に飛びやすくなります。視聴者は面倒くさがりなもので「この動画がおすすめですよ」と動画内で言うだけでは飛んでくれません。概要欄に用意してクリックひとつで行けるようにしてあげるのです。

さらに、**文章でURLを説明**してあげましょう。

単にURLを貼り付けておくだけでは視聴者はわかりません。

例えば「5分40秒のところで話した関連動画がこちらです」「〇〇についてはこちらの動画で詳しく解説しています」のような一文を添えてURLを貼り付けます。するとリンクに飛びやすくなります。

そして、動画内でも「この〇〇については詳しく解説した動画を概要欄に貼っておくので見てください」というように紹介します。

これは私がよくやっている方法なので、ぜひ動画を見て参考にしてみてください。

3. 動画の視聴維持率を伸ばすことができる

概要欄に**数字**と**文字でチャプターを入れることで目次化**すると、視聴維持率を伸ばすことができます。チャプターとは、視聴者が見たいシーンを秒数で入力しておくことで、それがリンクとなり、クリックしてその場面に飛ぶことができる機能です。

```
【目次】
0:00 サムネイルの重要性
2:00 訴求とは何か
6:26 訴求の使い方
10:38 爆伸びする訴求50選
11:38 ネガティブ訴求
23:19 ポジティブ訴求
32:58 数字の訴求
40:39 否定訴求
44:55 権威性の訴求
49:05 サムネイルを作る上で一番重要なこと
```

「チャプターを入れるとそこまで動画を飛ばされるんじゃないの？」

そんな風に思うかもしれません。確かに、興味のない部分はスルーして、興味のある部分だけを見られるようなことは起こるでしょう。

ですが、そもそも最初の30秒の時点で離脱は起きるものですし、視聴者の中にはもともと興味のある部分しか見ようとしない人もいます。どこにそれがあるのかわからず**離脱されるよりは、興味のある部分だけでも見てもらえたほうがずっとマシ**だと考えましょう。

動画の視聴維持率を伸ばすためのチャプター導入のポイントは次の通りです。

> ①視聴者が離脱しないように細かくチャプターを入れる
> ②VSEOのために動画のメインワードを文言に使う
> ③チャプターの文言でネタバラシをしない

ジャンルによってはチャプターが必要ない場合もありますが、それでも長尺動画を作っている場合や、動画の中で複数の話題を話しているような場合はチャプターを置くべきです。

しかも、**できるだけ細かく**置きましょう。それによって視聴維持率を伸ばすことができます。私の経験上でも実感があります。

さらに、**チャプターに使う文言はメインワード**を入れてください。チャプターの文言もVSEOに関わってくるためです。

気を付けてもらいたいのは、**チャプターには「答え」を書かない**ことです。文言でネタバラシをしてしまうとチャプターを見ただけで満足してしまい、動画を見てもらえない可能性があるからです。

4. 自分の商品・サービスへの誘導ができる

概要欄に会社の問い合わせURLやLINEへの誘導URLを貼り付ければ、自社商品へと誘導し、売上を伸ばすことができます。

> 【事業者向け】YouTubeビジネス攻略動画を
> LINEで無料配信中
> https://lin.ee/SFIgCak
>
> YouTubeマスターDに直接質問できるオンラインサロ
> HENKAの詳細はコチラ↓↓↓
> http://mooking.jp/?page_id=857
>
> 【YoutubeマスターDのリアル実績と動画ビジネス情報を
> 配信中のツイッター】
> ●/youtubemasterd7

ただし、これはジャンルによって書き方が変わってきます。

①ライバルのチャンネル登録者数が少なく、VSEOを狙いやすいジャンルの場合

> ①動画の概要（300文字）
> ②会社のURLやLINE
> ③チャプター

②ライバルのチャンネル登録者数が100万人以上いるVSEOを狙いにくいジャンルの場合

> ①会社のURLやLINE
> ②チャプター
> ③ハッシュタグで誘導

　ライバルが多いジャンルでは**VSEO対策をしても競合が強すぎて検索上位に載りにくい**ので、いきなり集客のためのURLやLINEを貼ってしまいましょう。貼るときには「その商品を購入するとどんなメリットがあるか」を提示するのがポイントです。

　ハッシュタグは、入れても入れなくてもOKです。YouTubeのハッシュタグには、XやInstagramのような効果はほぼありません。
　入れる場合は「LINE登録で豪華プレゼントを渡せます」のような、誘導の文言になるものを入れてください。

● 概要欄を書くときの注意点

最後に、概要欄を書くときにやってはいけないポイントを3つ紹介します。

①ジャンルと関係のないワードを入れない
②ハッシュタグを入れすぎない
③メインワードを羅列して入れない

その時期ごとに世の中で流行っているものはあるものです。2020〜2021年は『鬼滅の刃』でしたし、2022年は『ワンピース』でしたし、2023年は『推しの子』が流行りました。
　だからといって、**ジャンルに関係のない人気ワードを入れるのは絶対にダメ**です。自分のジャンルやコンセプトに即したものだけにしてください。

ハッシュタグやメインワードは入れすぎたり羅列させるとスパム扱いになってしまいます。
　前述したように自社商品やLINEへ誘導するための文章として入れるようにしてください。
　メインワードも入れることで再生回数に多少寄与するかもしれませんが、だからといって、ダイエットなら「ダイエットで痩せる、無理なく痩せたい、なんで痩せない、がんばって痩せる」などワードを羅列しても良くありません。きちんと文章の形で入れるようにしましょう。

まとめ

VSEOで検索上位に表示されやすくなる

① 動画概要がわかる簡単な説明文を300文字で作る
② 概要欄の1行目は動画のメインワードを入れる
③ 動画のメインワードを文章内になるべく多く使う

動画の循環率が上がる

① 関連動画に飛んでもらって循環率を上げる
② URLのリンク先がどんなものであるかを説明する
③ 動画内で関連動画を概要欄に貼っていることを伝える

視聴維持率を上げる

① 視聴者が離脱しないように細かくチャプターを入れる
② VSEOのために動画のメインワードを文言に使う
③ チャプターの文言でネタバラシをしない

自分の商品・サービスへの誘導ができる

① 動画の概要（300文字）
② 会社のURLやLINE
③ チャプター
④ ハッシュタグで誘導

第4章 バズる動画は下準備で決まる！

第5章

人が集まる ビジネス系動画の 作り方

動画への顔出しは必要なし！
むしろ悪影響になることも

　本章では具体的な動画づくりについて解説していきます。
　世間的に「有名YouTuber」として知られる人の多くは、顔出しをして体を張った芸やお金をかけたネタで再生回数を稼いでいます。

　YouTubeという媒体が世界で登場し、日本でもYouTuberという存在が市民権を得ていく中で、彼らは大きな貢献を果たしました。
　ところが一方で「YouTubeは顔を出さないと人気になれないのでは？」という"誤解"も生みだしたと私は思っています。それこそ「芸能人ばりのキャラクターがないと人気者になれない」とさえ思わせてしまったのです。

　このことは結果的にYouTubeのハードルを上げたとも思います。
　YouTubeを始めたいけど顔出しをしたくない（身バレしたくない）、恥ずかしい、誹謗中傷されたくない——そんなマインドブロックを持っている人は少なくありません。それは自然な感情です。
　それにもかかわらず、顔出しして人気者になっているYouTuberを見ると「顔出しできない自分には無理だ」と思ってしまうわけです。

　私は決して顔出しのYouTuberを批判したいわけではありません。そうではなく「顔出しをしないと有名になれない」の誤解を解きたいのです。顔出しナシでもYouTubeは稼げますし、むしろ顔出ししないほうがいいとさえ思っています。

小さな市場ではそもそも顔出しをする意味がない

ビジネス系YouTuberに求められるのは、「有益な情報」です。だから、顔出しは必要ありません。

さらに「ある特定のニーズに対して情報発信をしている」ため、「発信者の母数」も小さいです。エンタメ系などの市場が大きくテーマも幅広いジャンルであれば、無限に発信者がいるので顔出しの有無や好みによって評価が分かれることがありますが、ビジネス系YouTuberは、そもそも「そのテーマ」発信者の数が少ないので、顔出しの有無が再生回数や評価に影響することは少ないと思っていいでしょう。

重要なのは、情報の正確さや深さなのです。

むしろ、ビジュアルがチャンネルのイメージの足を引っ張る可能性もあります。

例えば不動産系のチャンネルで、お金を持っていそうな身なりのキャラクターが出ているならジャンルとしての統一感がありますが、貧相なジャケットを着てあまりお金を持っていなさそうな雰囲気なら逆効果になってしまいます。

ビジネス系YouTuberが顔を出す場合は**そのビジネスならではの何かが必要**になります。

タレントになるつもりがないなら顔出しはしないこと

「でも実際にDは顔出ししてるじゃないか」

そんな風に思ったかもしれません。

確かに、私は顔出しをしているように見えるかもしれませんが、厳密には違います。サングラスをして素顔は晒していません。だから素顔の私は街でも顔を指されないわけです。

第5章 人が集まるビジネス系動画の作り方

ただ、私があえてサングラスをかけて顔を出している理由は、タレントとしての活動を視野に入れてYouTubeをやっているからです。外部のイベントに出演したり、セミナーをする際には完全顔出しナシではどうしても不利になってしまいます（不可能ではありません）。

　ですが、そのような意思がないのであれば、やはり顔出しはしなくてよいと私は考えます。
　YouTube活動で大事なのは視聴者維持率です。顔を出すことではありません。顔出しの撮影をしない代わりに、動画のクオリティに時間を割く方が、有効な場合もあるのです。

● 伸びる動画のスタイル

　実際に顔出しをしなくてもビジネス系YouTuberであれば伸びる動画を作ることができます。ただし、そのためには「伸びる動画のスタイル」を理解しておきましょう。
　ビジネス系YouTuberでは次の3つのスタイルが伸びやすいです。
　顔を出したい欲求がない、顔を出したくない人であればこの3つのうちのどれかをチョイスするのが安定です。

> ①アニメーション動画
> ②スライドとトークだけの動画
> ③首から下とスライドの動画

　①のアニメーション動画とはイラストや絵に動きを持たせた動画のことです。コンピューターを用いたCGアニメが主流で「イラストアニメーション」「ホワイトボードアニメーション」「モーショングラフィックス」などのさまざまな種類があります。
　誰がやっても、どんなジャンルでも伸びるのがアニメーション動画の特徴ですが、制作するにはプロの手を借りる必要があり、自作の難易度

はかなり高めです。

②と③はどちらもスライドを画面上に出してトークによって解説する動画です。スライドだけを表示させて完全に顔を出さないスタイルか、首から下（バストアップ）を出して顔を出さないスタイルかは好きに選んでOKです。

②スライドとトークだけ

③首から下とスライド

YouTubeマスターDは顔チョイ出しで③のカテゴリーに当たります。私のやり方と類似の例で言えば、お面をかぶったりするのも同じ系統と言えるでしょう。スライドを自分で作成できるのであれば、自分でも動画制作を行うことが可能な難易度です。

3つのうち、**おすすめなのは②と③**です。

前述したように難易度が低いことに加えて、撮影用のカメラに編集用のパソコンと、用意する機材が少なくて済むこと、外注の必要がほぼなくコストがかかりにくいことが理由です。

動画を撮る前に「台本」を作るのが鉄則

皆さん、YouTuberは話がうまくないといけない、と思っていませんか？確かに有名YouTuberを見ていると、みんな話がうまいです。

理路整然と話をしますし、噛むことも言い間違えもありませんし、話のテンポも良く、まるでどこかでトレーニングを受けたかのように感じるでしょう。

ですが、それは勘違いです。

話がうまく見えるYouTuberは、ほぼすべて **「台本」** と **「編集」** と **「撮り直し」** によってうまく見せているだけです。もちろん、中には元からしゃべりの達者な人もいます。ですが、それは才能なので真似する必要はありませんし、台本を書くことによって解決できるのです。

● 台本と構成を決めた時点で上位20％に入れる

本書で推奨するバックエンドを売るスタイルでは、YouTube動画で信頼を構築して集客し、最終的にはバックエンド商品を販売することを目指していきます。

そのため、動画で視聴者に価値を提供しなければいけませんが、**アドリブでしゃべるのでは視聴者に価値を提供するのは難しい**です。

価値を提供するためには、あらかじめ台本で **「この動画ではどんな価値を提供するか」** を決めておく必要があります。

逆に言うと、台本さえ書いておけば、あとは撮り直しと編集で何とでもなります。しゃべりが達者である必要はないのです。

それにもかかわらず、ビジネス系YouTuberの中には台本を書かずに動画を作っている人が少なくありません。特に、チャンネル登録者数が1,000人に満たないチャンネルのほとんどは書いていないと推測できます。
　ということは台本を書いた時点で、あなたはそれらの人たちを超えられることになります。私の肌感覚では上位20％に入れると思っています。

　ここまで「再生回数を伸ばすのはサムネイル（とタイトルなど）」とお伝えしてきましたが、**クリックしたあとの視聴者をファンに変えていくのが動画の中身**です。
　「台本なんて面倒くさくない？」と思うのであれば構成だけでも構いません。「何をどんなふうに伝えるか」を決めるようにしましょう。
　ではどうやって台本を書けばいいのか、具体的に解説していきます。
　台本を書けるようになるためには次の3つのステップがあります。

> 1. ライバルの台本を文字起こしする
> 2. ライバルの台本を分析する
> 3. テンプレートを見つけ、そこから台本を作成する

　この3ステップをたどれば誰でも簡単に台本を書けるようになり、伸びる動画を作ることができます。

● 1.ライバルの台本を文字起こしする

　最初に行うのはライバルの動画の文字起こしです。
　自分がベンチマークにしている人は、動画の中でどんな構成でしゃべっているかを知りましょう。
　結局は伸びている人が正解です。解答集が手元にあればどんなテストでもクリアできるのと同じように、YouTubeでもライバルの台本を文字起こしで丸裸にしてしまいましょう。

そのために使えるツールが『YouTube Transcript AI Summary（以下、YouTube Summary）』です。
　これもGoogle Chromeの拡張機能で、追加するだけで自動的にYouTube動画の文字起こしができます。
　無料で使えるので、まずこれをインストールしましょう。
　YouTube Summaryの文字起こしは誤字脱字もありますが、充分に使えるレベルです。時間をかけて手打ちで1つの動画を文字起こししなくてもAIツールを使えば一瞬で作業が完了します。

　インストールが終わったら、本書でたびたび出てきているvidIQを使って、倍率が高く、再生回数の高い動画を探し、開いてください。
　ブラウザの右上に「AI SUMMARY」というバーが表示されます。下向き二重矢印のボタンをクリックするとその動画の文字起こしが生成されますので、コピー&ペーストして文書データを作るといいでしょう。

2.ライバルの台本を分析する

文字起こしができたら、それを分析します。
分析するポイントは次の4つです。

①最初の30秒の引き付け方
②目次の内容
③内容のつなぎ方
④まとめ方

何度もお伝えしていますが、YouTubeは最初の30秒で3割近くが離脱します。そのため、**最初の30秒の引き付け方は重要**です。冒頭の30秒間でライバルがどのような言葉を使って視聴者を引き付け、離脱を防ぐ試みをしているかを分析してください。

目次は、**その動画が「どんな内容なのか」の概要**です。最初に話しているはずですので、確認してください。
例えば『再生回数が上がる7つの方法』であれば、「1つめがこれ、2つめがこれ……」と最初に動画内で解説する内容を短くまとめて話をしているはずです。動画が始まっていきなりダラダラと話をしてしまうと視聴者は離脱してしまうので、最初に結論としての概要を話しているのです。このやり方をそのまま使いましょう。

内容のつなぎ部分は最も難しい部分です。
動画のネタによってさまざまなパターンが存在するため、「これ」とは言いにくいのですが、話が転換する部分やテーマが移るようなところでどんな風に話を展開させているかを指しています。
内容のつなぎ部分のアイデアは最も思いつきにくい部分なので、最初は**ライバルのやり方をそのまま真似する**ところから始めましょう。言葉

や言い回しは変えたほうがいいですが、展開の仕方は真似しても問題ありません。

まとめ方は**動画の〆の部分**です。
その動画で話したことを最後に「まとめ」として話をしていたり、プレゼントやLINE登録への誘導をしていたり、次回の動画予告をしていたりとライバルの終わり方を分析しましょう。

3.テンプレートを見つけ、そこから台本を作成する

最後に、分析した文字起こしの中からテンプレートとなる構成を見つけます。内容を理解しやすかったり、見ていて苦にならない動画のほとんどは必ず構成のテンプレートを持っています。

特にYouTubeにおけるテンプレートは、大体が**「起承転結」「序論本論結論」「PREP法」**の3つです。厳密には他にもテンプレートはありますが、まずはこれらを覚えておきましょう。

このうち「起承転結」「序論本論結論」は動画全体の構成を決めるのに使いやすく、「PREP法」はそのトピックをよりわかりやすく伝えるのに使いやすいテンプレートです。
それぞれの役割に合わせて、台本作成に活用してみてください。

①起承転結

起承転結は多くの人が知っている物事の組み立て方だと思います。それぞれの役割は次の通りです。

> ・起：これから伝える内容の「はじまり」を伝える
> ・承：起で伝えた「はじまり」の先を展開していく
> ・転：話にアクセントをつけて結へとつなげる伏線とする
> ・結：話を結んで「まとめ」などを伝える

仮に童話『ももたろう』を起承転結で分けると次のようになります。

起：おばあさんが桃を拾ってきて、桃太郎が誕生する
承：桃太郎がすくすくと成長し、鬼退治に出かける。途中で犬・猿・雉にきびだんごをあげて家来にし、鬼ヶ島へ到着する
転：桃太郎一行と鬼たちとの戦い。桃太郎一行が勝利する
結：鬼ヶ島のお宝を村へと持ち帰って、めでたしめでたし

名作と言われる物語には、必ずと言っていいほどこのような構成がありますが、これをトークにも活用することができます。

"起" は、動画冒頭の「これから何を語っていくか？」です。私の動画であれば、次の部分にあたります。

皆さんこんにちは、YouTubeマスターDです。
今回は『最短最速で登録者数1,000人を達成する方法』をお伝えします。この方法をやれば今からYouTubeを始めようと思っている人でも時間をかけずにチャンネル登録者1,000人を達成できます。
それでは内容をお伝えしていきましょう！

そこから**具体的に内容を解説していく部分が"承"**の部分です。私の動

画であれば、「登録者1,000人を達成する」ために具体的な方法について話している部分です。必然的に内容が厚くなり、動画のメインの話題となっていきます。

"転"の部分では"承"で伝えた内容の **「注意点」や「落とし穴」**、もしくは **「"承"の内容をさらにステップアップさせた上級編」** などの視聴者を引き付ける展開を伝えます。"承"に比べると内容は短くなりますが、視聴者を飽きさせないためには大事な要素です。

"結"は文字通り内容全体を結びます。 その動画で伝えた内容を最後にまとめにして箇条書きにしたり、視聴者への応援メッセージなどが入ることになるでしょう。

②序論・本論・結論

序論・本論・結論は、文字通り論文を書くときによく使われる手法です。大学受験をした人の中には、小論文の書き方として先生から教えてもらった記憶がある人もいるかもしれません。

> ・序論：全体像を予告して、伝える内容の概要やテーマを伝え、相手の興味を引く
> ・本論：序論で予告した内容を詳しく論じる。内容をあと押ししてくれる肯定的意見をエビデンスにしたり、逆に反論となる意見を根拠を持って否定することで主張を展開する
> ・結論：ここまで伝えてきた内容を要約して復習し、最終的な主張を的確に述べる

序論・本論・結論の特徴は、最初にメインとなるテーマを話し、そのまま結論へと持っていくシンプルさです。

いきなり本題に入っていくので聞き手も聞きやすいです。

YouTubeでは「ゆっくり動画」などがよくこの方法を使っていますので、試しにその認識で視聴してみてください。

③PREP法(プレップ)

PREP法はプレゼンテーションやビジネス文書の作成などのビジネスシーンにおいて、論理的で説得力のある伝え方をするために欠かせない手法として広く活用されています。

PREPは次のそれぞれの頭文字を取ったものです。

> ・P：Point（結論）
> ・R：Reason（理由）
> ・E：Example（具体例）
> ・P：Point（結論）

最初に結論を伝え、次に**その結論に至った理由と具体例**を伝えます。そして**最後にもう一度結論**を伝えることで、伝えたいポイントを聞き手の記憶に残りやすい形で伝えられます。

ここではダイエット動画を例にPREP法を使ってみましょう。

P：ダイエットをするときに「糖質を抜けば痩せられる」と思っていませんか？ 実はそれ、間違いなんです

R：なぜなら糖質制限のデメリットの1つに「筋肉量が落ちる」というものがあって不健康な痩せ方になりがちなんです

E：舞台役者の〇〇さんが一時、糖質制限で激やせしましたよね？ 確かに細くなりましたけど、筋肉が落ちてお芝居のパフォーマンスも落ちたとインタビューで答えてました。他にも……

P：以上のことから、やはり糖質制限で痩せるのは間違いなんです。それよりも今からお伝えする方法で健康的に痩せましょう

あくまでも一例ですが、このように展開するのがPREP法です。

●「台本を書きたいネタ」を最低5本は勉強する

受講生から、「台本が書けません……。」と相談されることがあります。

少々厳しいことを言いますが、そんな人は勉強不足です。
この悩みに行き当たった時には、YouTube Summaryによる文字起こしと並行して、**同じネタを扱う動画を見て勉強**しましょう。

台本を書けない人の9割に共通する点として「同じジャンルの動画を見ていない」ということが挙げられます。要するに情報量が少ないのです。

ネタがあっても情報がなければ台本は書けません。
これくらいの勉強はYouTubeを活用して稼ぎたいのであれば、やって当たり前のレベルです。

ここは頑張りどころ。自分が作る動画と同じネタを**最低5本**の動画を文字起こしして、台本を分析しながら内容を勉強しましょう。

ポイントは**同じ動画投稿者の別動画ではなく「別の投稿者の、自分が作りたい動画と同じネタの動画」**を見ることです。

● YouTubeマスターD式台本テンプレート

本書では、特別に私が使っている台本の制作テンプレートを公開します。
　台本制作に困っていたら、このテンプレートを参考に、自分でもテンプレートを作ってみてください。
「本題」のところのネタは仮のものが入っていますので、自分のネタを代入してください。

　ポイントは、「タイトル」「サムネイルワード」を事前に明確にしていることです。これにより、内容のブレがなくなります。
　さらに、YouTubeでは大体400文字を話すのに1分かかります。20分の動画であれば8,000文字ですね。私の場合、それぞれのポイントでどのくらいの尺になるかを把握したいので、その計算式も入れています。

　ちなみに、テンプレすら作るのが面倒な方は、私の公式LINEでスプレッドシートを配布していますので、そちらを活用いただいても構いません。
　中でも、特に重要なのは最初の30〜40秒です。ここで**「タイトルコール」「共感」「メリットの提示」「簡単な自己紹介」**を入れ込むことを忘れずに。

台本制作シート

タイトル	【2022年】YouTubeの再生回数を圧倒的に伸ばす5つの方法	サムネイルワード
目標動画時間(分)	20	再生回数を伸ばす5つの方法
文字数目安(1分400文字)	8,000	
現在の総合文字数	64	

↓台本の大まかな内容を書いておく　　　　　　　　　　↓空白部分は上の内容を引き継ぐ

台本の目次	文章	目安時間(秒)	文字数
動画タイトルの紹介 (目標10秒以内)	初めましてYouTubeマスターDです。今回は【2022年】YouTubeの再生回数を圧倒的に伸ばす5つの方法をご紹介します。	9.6	64
共感(目標30秒以内)		0	0
メリットの提示　ヴィジョンの提供 (目標50秒以内)		0	0
簡単な自己紹介(20秒)		0	0
本題		0	0
1　海外からネタを見つけてくる		0	0
2　ライバルの直近で伸びてるネタを参考にする		0	0
3　サムネに使うと伸びる訴求		0	0
4　クリック率が伸びるサムネデザイン		0	0
5　伸びてるネタを横展開		0	0
まとめ		0	0
応援メッセージ　(2分秒以内)		0	0
宣伝と告知　　(15秒以内)		0	0

まとめ

台本の作り方

①ライバルの動画を文字起こしする

- YouTubeの動画を無料で文字起こししてくれるツールを活用する

②ライバルの台本を分析する

- 最初の30秒の引き付け方
- 目次の内容
- 内容のつなぎ方
- 最後の終わり方

に着目して分析する

②ライバルの台本を分析する

- 起承転結 ┐
- 序論本論結論 ┤ 動画全体の構成に使える
- PREP法 ┘ 情報をうまく伝えるのに使える

分析した台本の型に、自分のネタを代入していく

最初の30〜60秒は特に大切。（離脱が起こりやすい）

「タイトルコール」「共感を生む（あるあるな悩み）」
「メリットの提示」「簡単な自己紹介」
を必ず入れ込む

台本を書くときの超重要マインド

台本を書くにあたっては、大前提、**1動画1テーマ**が鉄則です。

例えば『再生回数を伸ばす方法5選』の台本なら、「再生回数を伸ばす5つの方法」以外の内容は入れません。

「サムネイルが必須」とはいれますが、「良いサムネイルの作り方」の情報は別にするイメージです。だいたい**15〜20分くらいの動画**を作ります。

さらに、近いテーマで複数動画があれば、まとめて1本60分程度の長尺動画を作りましょう。

例えば『再生回数を伸ばす方法15選』の動画を作る場合に『視聴者を引きつけるサムネイルの作り方』『クリックされるタイトルの作り方』などのすでに投稿した動画の内容を活かすイメージです。

このときに注意してもらいたいことが2つあります。

1つは、**別動画の映像を使い回さないこと**。**長尺動画用に改めて長い台本を書いてください**。そうすることで長尺動画の中で簡単に解説をして「詳しくはこちらの動画を見てください」と単発の別動画へ誘導することもできます。

ネタ自体もブラッシュアップできるものがあるかもしれないので、使い回しではもったいないのもあります。

もう1つは、**内容が被ることを気にしないこと**です。

単発動画と長尺動画で同じことを話しても問題ありません。ほとんどの人は特定のYouTuberのすべての動画を見ませんし、見ていても一言

一句を覚えていたりしません。

有料級の情報を無料で提供する時代になっている

今の時代、正直、検索すればたいていの情報が出てくるようになっています。ですから、**「視聴者が欲している情報を、徹底的にわかりやすく発信する」**ことです。要するに出し惜しみはしないように、ということです。

インターネット上には有料級の情報もゴロゴロ転がっています。ちょっと調べれば実践できるレベルの情報を発信しても、視聴者はあなたを信頼してくれません。

私であれば「タイトルの作り方」「再生回数の伸ばし方」「サムネイルの作り方」「チャンネルの作り方」など、これ単体を教える教材を販売する人もいるくらいのものを、無料でわかりやすく解説しています。

そのような意味で、動画は「試食会」だと思ってください。

スーパーマーケットに行くと、新商品の試食エリアがよくありますよね。新商品は買い物客の信頼がない状態から始まるので、いきなりは買ってもらえません。ですから試食会を行って実際に味を知ってもらうことで、購入につなげています。

同じようにYouTuberも、**有料級の情報を惜しみなく出す**ことで視聴者に効果を実感してもらい、感謝され、ファンを獲得していきます。

「動画で有料級の情報を出したら、本番のバックエンド商品を買ってもらえなくなるのでは？」

そんな風に思うかもしれませんが、大丈夫です。

スーパーの試食でも、おいしければ試食した人の何割かがその商品を買っていくように、あなたの情報が視聴者にとって価値のあるものなら購入してもらえます。

無料の動画では埋められない「体験」という穴

さらに言ってしまえば、YouTube動画は情報に過ぎません。

もちろん情報はそれ単体で価値がありますが、**本当の意味で悩みを解決するためには「体験」が必要**です。この穴だけは無料の動画では絶対に埋められないのです。

筋トレの動画を見るだけで痩せられる人がどれくらいいるでしょうか？

実際には、ほとんどの人が途中で投げ出すのは想像に難くないはずです。

だから「パーソナルトレーニング」があるのです。情報だけで結果を出せる人はかなり稀です。

さらに、動画で伝えている情報は、誰にでも当てはまる、体系化されたものが多いです。みなさん苦労するのは、具体的にそれを自分の案件にパーソナライズする部分。情報を得て、うまくいかなかった時には、「自分の場合はどうしたら良いか？」の相談がしたくなるもの。それを手伝うのがコンサルティング形式のバックエンド商品なのです。

まとめ

台本を書く時のマインド

- **台本は原則1動画1テーマ！**

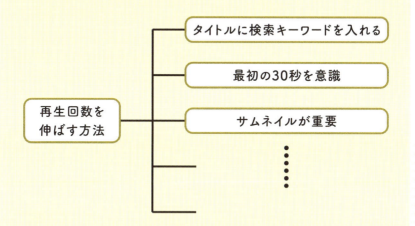

➡ 「サムネイルの作り方」は別動画にする！

- **視聴者が欲している情報を徹底的に発信する**

調べればいくらでも有料級の情報が出てくる時代。

> 出し惜しみせず、有料級の
> 情報を出すことで
> あなたへの信頼が高まり、
> バックエンド商品を
> 買ってもらうことにつながる

YouTube動画を撮影するときの基本を押さえよう

続いて、動画撮影の話に入っていきましょう。

動画撮影で必要になるものは「カメラ」「マイク」「ライト（照明）」の3つです。さらに、撮影方法についてもポイントがありますので、併せて解説します。

● こだわるべき機材は「カメラ」よりも「マイク」と「ライト」

まずカメラは**スマートフォンでOK**です。

有名YouTuberの機材を見ていると、高価なハンディカムや一眼レフを使っていると思います。もちろん、資金に余裕があったり、背景をボケさせるような撮影をしたい場合はそのような機材が必要になりますが、最初のうちはスマートフォンで充分だと私は考えます。

スマートフォンであればわざわざ機材を買い足す必要がありませんし、市販のハンディカムと比べてもそん色ない映像を撮影することができます。

ただし、必ず「アウトカメラ（画面とは反対側のカメラ）」を使うようにしてください。インカメラ（画面側のカメラ）はアウトカメラと比べて画質が劣ることが多いからです。

むしろ、**カメラよりも大事なのは「マイク」と「ライト」**です。

どれだけ内容の良い動画でも見えづらかったり聞こえにくかったりすると評価してもらえませんし、離脱も起こりやすくなります。

視聴者が見やすい・聞きやすい動画にするためには、ピンマイクや指向性マイクを使ってしゃべっている内容がはっきりと聞こえるようにしてください。特別高いものでなくてOKですが、1〜2万円くらいのものを用意しておくと安心です。ブツブツ途切れたり、声を拾えないような状態は避けましょう。

ライトも同様です。暗い画面は基本的に見にくいです。

カメラが高性能でも撮影環境が悪い（＝部屋が薄暗い）と充分に性能を発揮しません。部屋の明るさを確保しつつ、さらに別の照明を1つ用意するといいでしょう。

おすすめは定番の「リングライト」です。蛍光灯のような円形をした照明で、円の中心部分にスマートフォンをセットすることができます。Amazonなどで検索すれば数千円で手に入ります。

● 撮影方法ひとつで動画のイメージは変わる

実際に撮影をするときにも気をつけてほしいことがあります。
それは「カメラとの距離」と「画面内の環境」です。

YouTubeを視聴していると、たまに画面いっぱいに顔を映している動画を見ることがあります。いわゆる"どアップ"で、バストアップどころか肩から上、首から上だけを映しているような動画です。

顔出しをする場合でもしない場合でも、どアップは視聴者に圧迫感を与え、ストレスを感じさせますのでやめましょう。

どアップになってしまう原因はシンプルで、カメラに近すぎるからです。厳密に何cm離れるかは一概には言えませんが、「画面上に上半身が映るくらいの距離」で撮影するのがちょうど良い距離感です。

スライドだけで顔出しをしない場合は問題ないと思いますが、首から下を映す場合はヘソの辺りまでがちょうどいいでしょう。もしくは、私のように座った状態でのバストアップで、さらに配置を隅にすることでスライドも見せられますし、圧迫感もなくせます。

上半身ヘソくらいまで
映っていればOK

アップすぎる
※引きすぎもNG

　画面内の環境は「チャンネルの世界観」ともいえるものです。
　例えば、ビジネスで成功する方法を伝える動画なのに部屋がボロアパートだったり登場人物がヨレヨレのスーツを着ていたりすると、まったく説得力を感じないですよね。
　他にも、片付けで人生が良くなる動画なのに、背景にモノが積み上がっていてまったく片付いていなければ、「お前が先に片付けろよ」と思われてしまいます。

　これは顔出しをしない場合でも同じで、スライドの背景やスライドと人物の隙間の背景がどのようなものかが、チャンネルの世界観に影響を及ぼします。
　YouTuberになるということは、少なからずキャラクター化することでもありますので、コンセプトに合った背景や撮影環境を準備にするようにしてください。

まとめ

撮影でこだわるべきは

| 「マイク」 | 「ライト」 | 「カメラ」 |

自分は小さくてOK

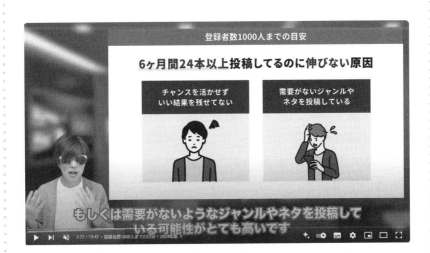

背景の見え方にも注意！

第5章 人が集まるビジネス系動画の作り方

ファンが増える
正しいオープニングとエンディング

　動画撮影・編集のテクニックとしてもう1つ、しっかり覚えておいてもらいたいのがオープニングとエンディングの使い方です。
　YouTubeを見ているとたくさんのYouTuberがオリジナルのオープニングやエンディングをつけています。
　ただ、間違ったオープニングとエンディングを入れてしまうと、視聴者の離脱が激しくなったり結果的に再生回数が増えにくくなったりすることがあるので注意が必要です。

● オープニングの工夫で面白いほどファンが増える

　オープニングとは、**「その動画が何の動画であるか」を一瞬で伝えるために存在**します。これまで何度もお伝えしてきましたが、YouTubeでは最初の30秒のうちに視聴者が離脱します。そのため、その動画の見どころや重要な部分をまとめることで、視聴者の興味を引くのです。
　ここで注意するべきなのは、**「動画の長さ」「フックになるフレーズ」「全体の統一感」**です。

1. 動画の長さ

　最も重要と言っても過言ではないのがオープニング動画の長さです。YouTubeに最適なオープニングの長さは、**「5秒以内」**と言われています。
　YouTuberの中には15秒以上のオープニングを作っている人もいますが、これはファンがすでにいる人のやり方です。ファンは「その人を見たい」という気持ちが強いので、オープニングが長くても動画を見てくれる人が多いのです。

ですが、ファンが少ない状態で長々とオープニングをやっていると離脱されます。

今、動画を倍速で見るという人が増えています。現代人は1つの動画をじっと見るのが得意ではありません。ですから、特別自分が好きなチャンネルでもない、今日初めて見るような動画で長々とオープニングを流されると離れていってしまいます。

2. フックになるフレーズ

フックはオープニングで視聴者の心をつかむための方法論です。具体的には次の3つのやり方があります。

> ①ダイジェスト
> ②イヤーワーム
> ③ワード訴求

①ダイジェストは自分の動画の面白いシーンを切り抜いてオープニングにまとめる方法です。

動画の内容に自信がある人や動画の情報量が多い人、動画の内容が変化するような人はダイジェストを使うことをおすすめします。ビジネス系ではよく使われる方法でもあります。

またオープニングは5秒以内が基本ですが、ダイジェストであれば視聴者維持率をキープしやすいので、5秒以上になっても構いません。

②イヤーワームは「ディラン効果」とも呼ばれ、聞いたことのある曲のワンフレーズや文字が頭の中で強迫的に繰り返される現象のことです。

毎回同じセリフや音楽、SEをオープニングに入れることで、そのフレーズやリズムが視聴者の中で癖になります。

有名なところでは「HIKAKIN TV Everyday〜♪」がありますし、私も「はいどうも皆さんこんにちはYouTubeマスターDです！」というフレーズを毎回使っています。

イヤーワームを使うことで覚えやすく、ファンになりやすくなったり、動画を見るのが日課になったりする可能性が高まります。

単純な仕掛けですが効果は抜群なので、ぜひ自分なりのイヤーワームを考えてみてください。

③ワード訴求はシンプルです。
「動画のタイトル、またはキャッチコピー」と「チャンネル名」をオープニングで見せていきます。動画のタイトルがキャッチーだったり、覚えやすく何のチャンネルかわかるようなチャンネル名であれば、ワード訴求はとても効果的に働いてくれます。

例えば私であれば「9年間で1,000チャンネル以上をプロデュース」「YouTubeプロデュースの会社を経営」「本を出版している」というのがワード訴求で使える強みになります。

あなたに何かしらの権威性があるなら、それもワード訴求として入れてみてください。

ただし、タイトルの訴求が弱かったり、チャンネル名が何のチャンネルかわからない場合などは、オープニングに入れると逆効果になる可能性があります。

3. 全体の統一感

全体の統一感とは、動画の中の「デザイン」「雰囲気」「内容」をオープニングと揃えることです。

例えば、料理系の内容であればオープニングのデザインは白や暖色系を使った背景にしたり、ナイフとフォークのイラストを使ったロゴが入っていたりすると統一感が出ます。逆にホラー系の動画でそのようなデザインのオープニングだと違和感があるはずです。

初心者にありがちな失敗例として、オープニングだけクオリティが高いのに動画が全然編集されていなかったり、オープニングで書いてあるタイトルが「痩せる方法」なのに動画の中身は「太らない方法」を話し

ていたり、ということがあります。

　オープニングと動画の中身でギャップを感じたり、期待外れになってしまうと視聴者は離脱しやすくなりますので注意してください。

　さらに言えば、視聴者はサムネイルを見て動画を視聴しようと思います。
サムネイルとオープニングのデザインや内容のギャップで違和感を覚える場合も離脱の対象になります。

　他にもBGMやテーマカラー、動画の中身のクオリティのバランスもつり合うものにしないと、離脱をする理由になってしまいます。
　耳にタコだと思いますがYouTubeでは最初の30秒が超重要。オープニングの工夫は比較的取り組みやすい内容なのでぜひやってみてください。

再生回数とチャンネル登録者を増やすエンディングの使い方

　ここで言う**エンディングとは「終了画面」**のことです。YouTubeでは動画の最後の5〜20秒に終了画面を追加でき、他の動画を宣伝したり視聴者にチャンネル登録を促したりする目的に利用できます。

　終了動画なんて誰も見ていないと思うかもしれません。
　ですが私のプロデュースチャンネルのデータでは、**4〜10%の視聴者は終了画面を活用**していることがわかっています。100再生なら4〜10人、1万再生なら400〜1,000人ですからバカにできません。
　見やすいエンディングを作って終了画面を活用すれば、再生回数を伸ばすことができるだけでなく、チャンネル登録者数も増やすチャンスになるのですから絶対に活用しましょう。

具体的にエンディングと終了画面を作るときに重要なことは次の3つです。

> 1. 時間
> 2. デザイン
> 3. 動画を設定する

1. 時間
時間は「20秒」に設定してください。
　終了画面は動画の最後の5〜20秒に設定できますが、設定可能時間の上限にしてフル活用するのです。

2. デザイン
　終了画面のデザインはスライド作成（P.232）のところで出てくる**Canva**（キャンヴァ）というツールを使うと作りやすいです。テンプレートもたくさんあるので、あなたのチャンネルのコンセプトに合ったデザインを選んでください。

　そのうえで、大事なことは**シンプルなデザインにすること**です。
　理由は、終了画面では**おすすめの動画や再生リストを表示して他の動画を見てもらうことが目的**だからです。他に目が行かないようにシンプルを心がけます。
　終了画面はそんなに大きくないので、動画2つ分とチャンネル登録用アイコンのスペースが1つ分、それぞれに対するコピーくらいしか配置できません。ですから、シンプルにして情報量を削ぎ落とすのです。

終了画面の種類

1本の動画、
1件のチャンネル登録

1本の動画、
1件のチャンネル登録

1本の動画、1個の再生リスト、
1件のチャンネル登録

1本の動画、
1件のチャンネル登録

2本の動画

2本の動画

3. 動画を設定する

終了画面の動画のうち1つには**動画を設定**しましょう。

挿入する動画の選択肢としては①「最新のアップロード」、②「特定の動画の選択（自分で動画を選択）」、③「視聴者に適したコンテンツ」の項目がありますが、再生回数を伸ばすのであれば、③**「視聴者に適したコンテンツ」**を設定します。

「視聴者に適したコンテンツ」にしておけば、「視聴者がまだ見たことはないが、興味があるかもしれない動画」をYouTubeがあなたのチャンネルから探して自動的に視聴者におすすめしてくれます。

視聴者が次の動画をクリックしてくれる可能性が上がるわけです。

もう1つのスペースには**「再生リスト」**を配置します。

再生リストは、**統一されたネタであらかじめ作成しておきましょう**。

ネタが統一されていると、再生リストが視聴されたときに、一気に他の動画を見てくれるかもしれないからです。複数の動画を一気に見ても

らえれば再生回数もチャンネル登録してもらえる可能性も増えます。
　例えば、料理チャンネルなら「イタリアンだけの再生リスト」「和食だけの再生リスト」のようなイメージです。ビジネス系で実績動画があれば、それをまとめておくのでもいいでしょう。

　最後に**チャンネル登録用のアイコンを配置**してください。
　自分のチャンネルのアイコンを配置するのもいいですが、私のように「チャンネル登録コチラ」のアイコンを終了画面用に作って配置するのでもいいでしょう。

エンディングを作るときの2つの注意点

エンディングを作るときに初心者がやりがちな注意点が2つあります。

> ①BGMがうるさい
> ②ごちゃごちゃしたデザイン

①の**BGMの音量は本編と同じくらいに設定**します。
　場面転換や印象づけのためにBGMを大きくすると視聴者に違和感を与えてしまうことがよくあるのです。当然、離脱されます。他の動画へ誘導するチャンスを逃さないようにしてください。

　②のデザインは前述したものと内容が重なりますが、本来の目的を忘れないよう気を付けてもらいたいのです。エンディングの役割は他の動画に誘導することによって、再生回数とチャンネル登録者数を増加させることです。

　動画をクリックしてもらうためにエンディングを作っているのに、文字に映像や写真、色とたくさん使いすぎて他の動画や再生リストが見えにくくなっている人が少なくありません。

しつこいようですがデザインはシンプルに。目立たせるのは他の動画や再生リスト、チャンネル登録のアイコンです。

まとめ

オープニング

①動画の長さは「5秒以内」

②フックになるフレーズをいれる！

・ダイジェスト
・イヤーワーム
・ワード訴求

③動画全体の「デザイン」「雰囲気」「内容」をオープニングと統一させる！

エンディング

①時間は「20秒」に設定！

②デザインはシンプルに

③おすすめ動画や再生リストを設定する！

・**BGMの音量**
・**デザイン**

はうるさくなりがちなので要注意！

視聴者満足度を高めるための動画編集テクニック

　最後は動画編集についてです。
　撮影した映像は編集が必要です。例えるなら撮影した映像素材は「食材」であり、編集作業は「調理」です。食材を調理するから「料理」ができるのと同じように動画も編集が必要なのです。
　ただし、**「手間のかかる編集＝良い動画」とは限りません**。編集は、動画のクオリティを上げる重要な要素ではありますが、必要最小限でも充分に良い動画は作れることを覚えておいてください。

　それに、動画編集はこだわり始めるといくらでも時間が溶けていきます。1つの動画に時間をかけすぎると次が詰まってしまうので、編集時間は最小限にすべきだと私は考えます。

　大切なのは、**視聴者の満足度を上げる動画にすること**です。
　自分が作りたい動画よりも視聴者が見やすい動画を作ることのほうが、再生回数やチャンネル登録者増加に大きく貢献してくれます。
　動画を編集するときは、このことを忘れないようにしてください。

● 動画編集にも優先順位がある

　では、最小限の手間で効果的な編集を行い、視聴者の満足度が高くなる動画を作るにはどうすればいいのか？
　それは**「優先順位を間違えずに動画を編集すること」**です。
　動画編集にはさまざまな作業がありますが、限られた時間の中で行うのであれば次の順番で重要度を考えてください。

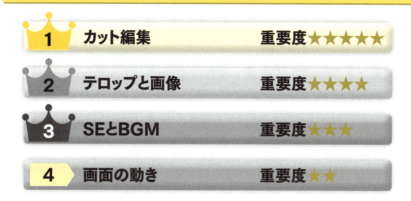

1. カット【重要度:★★★★★】

YouTuberのしゃべりが上手に見える理由の1つが**カット**です。

カットでは映像素材の余分な空白を切り取ったり、噛んでしまったところや言い間違えたところを削除していきます。

特にYouTubeではブレス（息継ぎ）部分もカットして、言葉が連続してつながるような動画が多くアップロードされています。

他にも、動画を撮影している中でつい台本から外れた話をしてしまっていたり、「え〜」「あの〜」と言い淀んだり、台本に書いてある内容でも、あとから余分と思われるものが見つかることもあります。

このようなところもカットの対象になります。

視聴者はあなたが発信している情報を知りたいと思っているわけで、余計な話を聞きたいのではありません。

また、テンポよく理解して必要なことだけを得たいと思っているので言い淀みや言い間違い、無言の時間が多々あるとイライラして視聴をやめてしまいます。

カット作業はそのような**"動画の贅肉"を削ぎ落とし、おいしい部分だけ**にするための作業です。視聴維持率を高め、動画の評価を上げることにつながる大事な部分ですので最重要と言えます。

2.テロップと画像【重要度：★★★★】

「できる限り自分の頭で考えることなく理解したい」というのが視聴者の本音（実際は無意識ですが）。自分で考えて理解しないといけない動画はストレスを感じます。

これを回避するための方法が**テロップと画像の挿入**です。

テロップは「字幕」のことです。最近のYouTube動画の多くでテロップが入っていると気付いている人もいると思います。特にショート動画は必ずフルテロップになっています。

テロップがあることで**耳からだけでなく目からも情報が入るので理解が進みやすく、動画としての評価が上がります。**

もう1つの画像も同じで、**しゃべっている内容のイメージ**となるような写真やイラストを入れることで理解がしやすくなります。

テロップや画像を挿入することで理解しやすくなるだけでなく、映像自体も賑やかになります。

過剰に入れる必要はありませんが（むしろ見にくい動画になって逆効果）、強調したい部分に適切に入れていくことで視聴者の理解をサポートし、ストレスなく見てもらえる動画になりますので、これも重要度としては高いです。

③SEとBGM【重要度：★★★】

耳から入ってくる情報を効果的に増幅させる方法として**SE（効果音）とBGM**があります。

SEに関しては重要なポイントや注意点、笑いのポイント、ボケに対するツッコミなどを示すときに補助として挿入すると効果的です。

BGMはトークの背後に薄く流すことで、無音で味気ない状態の動画を彩ったり、世界観を演出することができます。

ただし、**音量や頻度には気を付けて**ください。

SEの頻度が多すぎると煩わしくなりますし、トークが聞こえないレベルの大きさのBGMだとストレスになります。

SEは本当に伝えたいポイントだけに絞る、BGMはトークがクリアに聞こえるように後ろで微かに鳴っているくらいで充分です。私の動画くらいの音量がちょうどいいので、確かめてみてください。

④画面の動き【重要度：★★】

画面の動きはテロップや画像を動かしたり、アニメーションを追加したりするなど、**映像に変化を与えることで視聴者が飽きるのを回避**するための方法です。

ただ、物によってはアニメーション専用のソフトと連携させなければいけなかったりと、手間が何時間もかかることがあります。

正直なところ、画面の動きに関しては画像やテロップの変化でも出せるので、ここは重要ではないと考えてください。制作にかける時間を考えるとあまりコスパも良くないです。

● 外注する選択肢もある

ここまでお伝えしてきた動画編集ですが、**どうしても「自分ではできない」と思うのであれば外注業者に依頼する選択肢**もあります。

特に、アニメーション動画の場合は、自分で制作しようと思うと、ものすごく勉強が必要です。アニメーション動画の場合は外注するのがほぼマストと考えましょう。

他にも、自分の本来の仕事の時間を圧迫してしまうようであれば、外注するほうが最終的なコスパは良くなったりもします。

編集は、内製・自製できるのであればそれに越したことはありません。企業であれば、社内にYouTube制作チームを作るのもいいでしょう。
　それが難しい場合はフリーランスが集まる仕事マッチングサイトを活用してください。代表的なものが『ランサーズ』『coconala』です。どちらも日本最大級の仕事依頼サイトなので、ここに登録しているクリエイターに依頼をしましょう。

　参考価格にはなりますが、ビジネス系動画の編集でテロップや画像を入れる場合は**1分900〜1,500円。高い場合は2,000円**になることもあります。フルテロップにしない場合はもっと安くできます。
　スライドの外注も可能で、自作のスライドを見栄えよくしてもらうので**1枚400〜800円**くらい。台本やマインドマップからスライドを起こしてもらう場合は1枚で800〜2,000円くらいです。
　スライドがあればテロップは最小限で済むので、その辺りは動画の内容と金額を考慮しながら依頼するようにしてください。

　ただし、外注するときには注意点があります。
　それは**すべてのクリエイターが必ず良質なものを成果物として上げてくるとは限らない**ことです。質の高い人もいれば、質の低い人もたくさんいます。
　実際に私が過去に編集者を募集したときには60人近い応募がありましたが、自分の中で合格を出せたクリエイターは2割程度でした。

　ですから、依頼をするときにはまずポートフォリオ（過去の制作事例）を送ってもらい、その中から選ぶようにしましょう。
　数人に声をかけてダメだったからと言ってあきらめてはいけません。YouTube動画の外注は有名人でも無名でもそれほど大差がありません。むしろ、有名人だと高いだけだったりします。
　ランサーズやcoconalaには候補者自体はたくさんいますので、粘り強く良いクリエイターを見つけようとしてください。そして見つけられ

れば継続的に依頼をすると良いでしょう。

まとめ

動画編集の優先順位

カット編集
- しゃべりをうまく見せる
- 贅肉をそぎ落としおいしいところだけ

テロップと画像
- 視聴者が考えなければいけない労力を減らす

SEとBGM
- 耳から入ってくる情報を補足する

画面の動き
- 画面に変化を持たせ、視聴者が飽きるのを防ぐ

編集は外注でもOK

動画編集

平均価格：1分あたり　900〜2,000円程度。

スライド作成

スライド原稿がある場合：1枚あたり　400〜800円程度。
スライド原稿がない場合：1枚当たり　800〜2,000円程度。

動画編集におすすめの外部ソフトウェア

　簡単にスライド作成のおすすめソフトと、動画編集ソフトについて、ご紹介しておきます。

　本書では、動画編集スキルについての説明は割愛します。編集技術を語りだしたらキリがないので、その辺りは自分の使うソフトにあわせて他の書籍を探していただくか、ネットで情報を探してみてください。
　これを機に、コンテンツを購入してみるのはいかがでしょうか。

● スライドを作るなら「Canva」一択

　アニメーション、スライド、首から下（スライド付き）のうちで「スライド」を選択するのであれば、おすすめは「Canva」です。
　Canvaはオンラインで使える無料のビジュアルツールキットです。61万点ものテンプレートと1億点の素材（写真、動画、イラスト、音楽）の中から誰でも簡単にさまざまなデザインを作成できます。
　操作方法もドラッグ＆ドロップと簡単で、パソコンだけでなくスマートフォンやタブレットでも使えます。
　使用方法も簡単で、公式ページでアカウント作成をすればすぐに使えます（スマートフォンはアプリをダウンロードして登録）。
　プランも有料と無料があり、無料の場合は機能が制限されますが、それでも25万点以上のテンプレートと多数の写真やグラフィック素材が使えます。最初は無料で始めて、不足を感じてきたら有料に切り替えればいいでしょう。

Canvaでもそれ以外のツールでも、スライドを作るときはできるだけ文字数を少なくするのがポイントです。

　この考え方はプレゼンテーションの資料を作るときと同じです。

　文字量が多すぎると視聴者は読めませんし、一目で疲れてしまいます。この辺りは「プレゼンがうまくなる系の本」が参考になります。

　作り方はまず台本を書き、**台本の中から文字に起こすべき重要な部分をスライド上に収めます**。イメージがわかない方は、一度私の動画を見てみてください。説明の中の重要な部分だけをスライドに起こした、超シンプルなお手本です。

● 動画編集でおすすめの3つのソフト

　編集ソフトは、自分の使いやすい、好きなものを使ってOKです。迷う方のために、ここではよく使われている編集ソフトを紹介しておきます。

- Final Cut Pro（ファイナル カット プロ）
- Adobe Premiere Pro（アドビ プレミア プロ）
- DaVinci Resolve（ダヴィンチ リゾルヴ）

　Final Cut ProはApple社が提供しているMacユーザー向けの動画編集ソフトです。有名なYouTuberが使っていることでも知られています。ちなみに私も使っています。

　使用感としては感覚的・直感的でとても使いやすい編集ソフトと言えるでしょう。ただしMacでしか使えないので、Windows派の人は他のソフトを選ぶ必要があります。

　価格がそれなりに高価ですが、90日の無料トライアルがあるので、まずは試してみて、気に入ったら購入するのでもいいでしょう。

Adobe Premiere ProはAdobe社が提供しているソフトウェアです。本格的な動画編集したい人や編集中のデータを共有したい人向けで、Windowsでも動かすことができます。

編集の幅の広くいろいろなことができますが、その分初心者にはやや難しいかもしれません。

こちらも有料のソフトですが、無料体験版がありますし、セール価格になっているときもあるので、使い勝手を確かめてから本格導入してみてください。

DaVinci ResolveはBlackmagic Design社が開発・頒布している動画編集ソフトです。動画編集だけでなく音声編集、デジタル合成などさまざまなことができます。色補正とグレーディングの機能が優れているため、映像の色調を細かく調整したい人や映画のような美しい映像を作りたい人におすすめです。

ここで紹介している3つの中で唯一無料で使えるのがDaVinciで、無料版でもプロ仕様の機能が使えます。

第6章
最終目的地
セールスの極意

コンテンツ販売にはLINEをフル活用せよ！

　最後の章はLINE（LINE公式アカウント）に誘導してからの販売戦略を解説していきます。
　商品が売れるかどうかは、第5章までにお伝えしたYouTube動画で信頼が獲得できるかどうかで9割が決まります。
　ここから説明する内容は、その信頼構築の後、**集客したファン＝見込み客にクロージング（商談を契約に結びつけること）をかけて、実際に商品を買ってもらう**フェーズになります。

　LINEに誘導する理由は単純で、本書でおすすめしてきた無形商材は、YouTubeで販売するのにリスクを伴うからです。
　自動車、時計、不動産、加工食品などの物販、もしくは飲食店やマッサージ店、美容室などの集客は、実際の商品やサービスが明確なためわかりやすいのですが、無形商材は商品性が目に見えにくいため、YouTube上で販売すると炎上リスクが大きいのです。

● 最悪の場合、炎上してチャンネルが死ぬ

　基本的にYouTubeは不特定多数の人が無料のスタンスで見る世界です。そこで相場のわからない商品を販売しようとすると**"お客さんじゃない人たち"が悪口を言ったり、誹謗中傷したり、嫉妬したりして場を荒らし、最悪の場合は炎上**します。
　無形商材や情報商材は、本当はちゃんとした商品・サービスにもかかわらず、イメージだけで機会損失が起こることもあります。

無形商材を販売している場合、一度YouTubeで炎上すると一気に信頼を失い、今後のビジネスも立ち行かなくなります。私の知っている範囲だけでも過去にチャンネル登録者が10万人や100万人近くいたような信頼あるYouTuberが、たった1回、コンテンツをYouTube動画で紹介しただけで炎上したりしています。

　さらに、その後の**動画の再生回数が露骨に伸びなくなる**こともわかっています。コンテンツをYouTube上で直接消費者にアピールすることはそれくらいリスクがあります。だからこそ、LINEへ誘導して販売してください。

● LINEへの誘導はスクリーニングと売り場を移すため

　LINEへ誘導する理由は、炎上リスクを回避するためだけではなく、ファンにスクリーニングをかける意味もあります。

　LINEへの登録は、そもそもハードルが非常に高いです。

　すでに多くのYouTuberが公式LINEを開設し、誘導をしていますが、あなたは何件登録したことがありますか？

　よっぽど好き、もしくは登録の特典が魅力的でない限り、登録したことがないのではないでしょうか？

　つまり、あなたの商品に興味がある人、もしくはあなたから何かを教わりたい人、つまり**「あなたの商品に多少でも興味がある見込み客」だけを集めることができる**のです。

　この時点で炎上リスクは抑えられますし、LINE誘導された人たちもそのあとにクロージングがあることを想定している場合が多いでしょう。

　あとは集客した見込み客をスクリーニングして顧客リストを作り、それらの人へ販売します。

　他にも販売するための方法はありますが炎上のリスクを抑え、見込み顧客に買ってもらうための高品質な情報を届けることができるのです。

YouTube動画から
LINEへ誘導する4つのメリット

　実際のところ、販売はLINEを使わなくても不可能ではないのですが、圧倒的にメリットがあるので、ほとんどの人がLINEを活用しています。LINEには次の4つのメリットがあります。

1. 開封率が高い

　まず開封率ですが、LINEはメルマガよりも開封率が高いです。

　メルマガの開封率は20～30％と言われています。100人に送っても20～30人しか開封しません。

　一方、**LINEの開封率は50～60％**と言われています。100人に送っても50～60人ですから、同じメッセージをメルマガで送るのとLINEで送るのとでは2倍近い開きがあるということになります。

　開封をしてもらわないことには購買につながりませんので、開封率の高い媒体を選ぶべきでしょう。

2. タグ付けができる

　次にLINEにはタグ付け機能が備わっています。

　タグ付けは**「特定のカテゴリや属性にユーザーを分類する機能」**のことで、メッセージ配信の対象を絞り込むことや顧客管理が可能となります。

　ユーザーの属性を把握することでその人に適した情報を提供することができるので、例えば「40代にだけ送る」「商品に興味を示さない人にはあえて情報を流さない」などのコントロールが可能です。

3. ステップ配信ができる

特定のアクションをした人に対して、あらかじめ設定されたスケジュールに沿って自動的に配信されるメッセージのことを「ステップ配信」と呼びます。

LINEでは有料ツールが必要になりますが、前もってメッセージを組んでおくことで、**段階を踏んで登録してくれた人に送りたいメッセージを送る**ことができます。

YouTubeからLINEに誘導できたとしても「はい、買ってください」では売れません。きちんと告知や教育をステップ配信で行い、登録してくれた人が自然に買いたくなる流れを作りましょう。

4. 密度の高い情報発信ができる

YouTubeとLINEを比較すると、前者はマス向け、後者は個人向けになります。

YouTubeでは、詳しすぎる情報は響く人が少なかったり、炎上リスクになったりしますが、**LINEであれば、ユーザーにとってより有益な情報**になります。一斉送信であっても形式上は、一対一のやり取りなので、そういった情報も発信しやすいのです。

こうした有益な情報が、自分とファンの関係をより密にし、販売につながっていくのです。

LINEに誘導する理由

開封率

60%

※メルマガは20〜30%

タグ付け

商品に興味がある人をしっかりと絞れる

ステップ配信

どのタイミングでも自分が構築した順番でメッセージが送れる

密な情報発信

YouTubeでは発信が難しい内容も発信できる

「登録するメリット」を作ろう

　以上のようにLINEに誘導するメリットは多々あるのですが、これらはあくまでもこちら側の理屈です。
　視聴者側からすると「なんのメリットがあるの？」という話です。

　この理由付けとして必要になるのが「プレゼント」です。
　例えば、私が動画の中でプレゼントしているサムネイルのテンプレートがこれにあたります。先ほどの台本のテンプレもそうです。

```
☑LINE追加で下記の豪華7特典を無料プレゼント！

☑視聴維持率50%越え！台本制作ツール
☑10日で1億稼いだLINEステップ
☑少ない再生数でも稼げるジャンル12選
☑検索から再生数を伸ばす！検索ハックツール3選
☑圧倒的に再生数を伸ばす！サムネイルテンプレート12選
※2024年YouTubeで勝ち残るポジション戦略は」のプレゼンに変更になりました
☑YouTubeで成功する考え方！2時間越えの音声書籍
☑コンテンツ販売者・事業者・法人限定の30分間無料個別面談（審査制）
```

　人はたいていめんどくさがりなので、ゼロから自分で考えるよりも、すでにあるものを活用したがります。その心理を有効に使うのです。
　普通の商品のキャンペーンと一緒です。2つ買ったらおまけがついてくる、と言われてつい買ってしまうのと同じで、「LINEに登録してくれたら普通はもらえない有用な情報をプレゼントするよ」と餌を垂らしてLINEに登録してもらうのです。

　私はこれを「Give戦略」と呼んでいるのですが、**これだけで再生回数2,000回程度の動画からでも20～50人のリスト**を獲得することができ

ています。私のチャンネルの平均再生回数は1万回くらいなので、実際はもっとたくさんのリストが取れていることになります。

　Give戦略をうまく使うとCVRも高まります。CVRとは「Conversion Rate」のことで、Webサイトや広告などで、「ユーザーをいかに最終目的地に到達させたか」の指標です。
　我々の場合は何人がLINEのリンクをクリックしてくれたかですね。
　YouTube動画を100人が見てくれて、うち1人がLINE登録をしてくれたとしたら、CVRは1％ということになります。

　YouTubeを使って稼ぐためには、このCVRを上げていくことが必要になってきます。**目標値は0.5〜3％**の間です。全体で**平均1％**あれば、上々です。
　つまり、再生回数100回で1人、1,000回で10人のリスト（濃いファン）が取れるというわけです。
　ここを目指して実現できれば、売上は充分に高めていけると私は考えています。

CVRを高める4つの方法

CVRを高める方法には次の4つがあります。

> ①基本のプレゼントを作る
> ②動画に関連したプレゼントを作る
> ③動画の概要欄を活用する
> ④動画の固定コメントを活用する

　①基本のプレゼントは商品が安くなるクーポンや、**ドキュメントやスプレッドシートを使った文章テンプレート**など、データで送れるプレゼントをする場合が多いです。

しかし、私が特に初心者の方におすすめしたいのは==無料相談==。

その名の通り、ファンの方の悩みを無料で30分程度聞いて即興でコンサルする機会をプレゼントするのです。動画の向こうにいる有識者に直接相談できる、という魅力は強いです。

無料ということで「とりあえず話だけでも」という気持ちになり、登録する意欲がわきやすいのです。

==②動画に関連したプレゼント==は、①基本のプレゼントとは==別のプレゼントです。==もっと"その動画"のテーマに即していて、動画内で解説した==内容を補足したり、実践しやすくなる==ようなプレゼントです。

例えば私であれば『YouTubeショートの伸ばし方3選』という動画を作ったとすると「さらに詳しいショート動画を伸ばす方法」をプレゼントにして配布したりしています。

動画ごとにプレゼントを作るのは少し大変ですが、この方法もものすごくCVRが上がりやすくなるのでおすすめです。

==③動画の概要欄==の活用は、概要欄にLINE登録のためのURLを貼ります。

==概要欄に貼るURLは1つか2つ==に絞りましょう。LINEのURL、ホームページのURL、Twitterのリンクなどたくさん貼る人がいますが、基本は集客したいところだけにしてください。

物販や店舗集客であれば商品ランディングページや店舗URL、LINEへの誘導なら公式LINEのURLです。

==④動画の固定コメントの活用==は地味ですがかなりおすすめの手法です。視聴者は結構な割合でコメント欄を読むからです。

コメント欄では管理者権限で誰のものでもあってもコメントを固定することができます。==固定すると常に一番上に表示される==ため、アピールしたいことをトップ表示にできるのです。

ここにLINE登録を促す文言、例えば「LINE登録で今回の動画で紹介しているプレゼントを差し上げます」と投稿し、コメントの右上にある

「…」から「固定」をクリックすればコメントを固定できます。

最初の目標は「リスト100人」を集めること

　これら4つの方法は大変な部分もあるのですが、CVRを高めるのにとても効果を発揮しますので、ぜひやっておきましょう。
　その上で最初のリスト目標を「100人」に設定してみましょう。
　LINEに人を集めても、いきなり「買ってください」とお願いするのでは買ってくれません。実際の購買につなげるためにはイベントやセミナーを行います（このあと詳しく説明します）。その場に集客するために、**数は絶対に多いほうがいい**です。

　もちろん、100人に満たない状態で次のステップに進んでもかまいませんが、**セミナーを告知したとしても参加してくれるのは30％くらい**がいいところです。100人で30％なら30人ですが、10人だったらたったの3人になってしまいます。
　さらに、セミナーに参加した全員が商品・サービスを購入してくれるわけではありません。仮に参加者の10％だとすると100人いても3人の計算になります。
　ですから私はまず第一段階として、100人のリストを集めることを目標に置くことを推奨しています。

まとめ

販売にはLINEをフル活用しよう

「YouTube」で集客・教育・信頼獲得 ▶ 「LINE」で販売

- 開封率が高い
- ステップ配信ができる
- タグ付けができる
- 密度の高い情報発信ができる

まずは100人を目標にリストを集めよう

プレゼントを用意して視聴者がLINEに登録するメリットを作っておく

①基本のプレゼント
②動画に関連したプレゼント
③動画の概要欄の活用
④動画の固定コメントを活用する

さらにCVRが高まる！

ステップ配信で集めた人たちへ
的確に情報を届ける

　LINEを登録してくれた濃いファンの人に自分の商品を買ってもらうには、情報を告知しなければなりません。
　ビジネス系YouTuberとしてどれくらい活動しているかによってやり方は多少変わってきますが、本書では「どのような内容を送るのか」についてのヒントをお伝えしますので、それに即した内容のメッセージを作成してみてください。

● 告知のための便利なツール

　LINE登録をしてくれた人に向けて情報発信する際に使えるのが「LINE配信サービス」です。有名なものは『Lステップ』や『UTAGE』などです。
　これらの配信サービスはあなたのLINE公式アカウントで、ステップ配信を自動でしてくれるツールです。
　前もって配信サービス内にメッセージを作っておけば、LINE登録をしてくれた人に向けて、決まった時間やタイミングでLINEメッセージを自動で配信してくれるのです。
　例えば、9月30日に10月末のイベントの告知を出すとします。これらのツールを設定しておけば、そこから1週間、毎日18時に1通ずつメッセージを送ることができたりします。
　しかも、10月1日以降にLINE登録してくれた人にも1通目から順番にメッセージを送ることができるのです。

　リストが増えてくると、徐々に顧客管理が難しくなってきます。その顧客管理と、それぞれに合わせた自動メッセージの配信を行ってくれる

のがこのツールなのです。

　メルマガでは当たり前のように使われているステップメールですが、LINEでも同じことができるので、ぜひ活用してください。

7通のメッセージで「さらなるファン化」と「営業」を行う

　ではまず、基本のステップ配信の送り方を解説します。

　次の項目で、より初心者向けのステップ配信の送り方も解説していますので、自分に合う方を選んで参考にしてください。

【ステップ配信1通目：プレゼントを一部渡す】

　LINE登録をしてくれたことへの感謝のメッセージと、予告したプレゼントを渡します。この時、できればプレゼントの動画は一定の期限を設けられるシステムを活用し、送りましょう。ただし、プレゼントは一気に全部渡さないようにしてください。1日ですべて渡してしまうと、「プレゼントをもらって即ブロック」される可能性があります。もったいないので注意してください。

　プレゼントは有料級の内容を詰め込んだ1時間くらいの動画がおすすめです。

　ポイントは、必ず動画の最後に「セミナーの告知」や「個別相談できます」といったクロージングの内容を入れてそちらへ誘導することです。有料級の情報をプレゼントする代わりに、バックエンド商品への集客をこの時点で初めて行います。

【ステップ配信2通目：プレゼントのアナウンスを行う】

　1通目で送ったプレゼントを確認したかを確かめます。「動画、見てくれましたか？」「まだの場合はお早めにどうぞ」と動画のアナウンスと視聴促進を行います。

【ステップ配信3通目：追加プレゼントを渡す】

　1通目で送らなかったプレゼントの残りをこの時点で渡します。追加の動画、テキスト、テンプレートなどプレゼントの内容はこだわりませんが、イベント告知時点で渡す予定だったものをすべて渡します。

　もしも1つしかプレゼントを用意していない人であれば追加を用意し、1通目で追加プレゼントを用意したことを伝えてください。

【ステップ配信4通目：イベントの告知をする】

　ここから営業トークをかけていきます。「セミナーを行う」「無料相談会をする」などイベントの告知を行います。慣れているお客さんはここで、バックエンド商品があることを認知します。

　1通目のメッセージで送った動画の中でも告知はしていますが、最後まで見ていなかったり、忘れている可能性もあります。それに動画を見るのが億劫な人もいます。

　そんな人たちにも文章で改めてLINE上で告知してください。

【ステップ配信5通目：イベント参加の締切を伝える】

　1通目と4通目で告知したセミナーや無料相談の参加締切が「何月何日の何時までか」を伝えます。

　これをしないと「あとでいいか」となって、結局申し込まない人が多くなります。ですから24時間以内、48時間以内などの区切りを決めましょう。大体3日後（72時間以内）くらいが一般的です。

【ステップ配信6通目：プレゼント動画の期限を伝える】

　1通目でプレゼントした動画が受け取れなくなるよ！　という内容をこのタイミングで送ります。「あと3日でプレゼントしたサムネ解説動画が見られなくなるので、お早めに見てくださいね」という感じです。

　いつまでも見られると思うと相手は見てくれません。ですから「〇日後に」というように明確に区切って伝えたほうがいいです。

【ステップ配信7通目：最終告知】

最後はさまざまなものの最終告知を行います。

プレゼントした動画の配信終了期限、セミナーや無料相談の申し込み期限など「この時間を過ぎたら見られなくなります（申し込めなくなります）」ということを伝えます。「あと1日です」「あと1時間です」のようなギリギリのタイミングでの告知です。

細かく最終告知を伝えるなら8通目、9通目を送るのもいいでしょう。

すでにビジネスYouTuberとして活動している方は、もっと早くからバックエンドへの誘導をかけてもかまいませんが、基本はこの7通でステップメールを送ってください。「7通も送るの？」と思うかもしれませんが、これでも少ないほうです。

ステップメールで顧客を教育していたときは、2週間くらいかけて、毎日少しずつ登録した人にメールを送っていました。

ですが、YouTubeを使う場合は事前にYouTubeでファン化させているのでこれくらいで済むのです。

まとめ

基本のステップ配信

【1通目】プレゼントを渡す感謝メッセージ
例：登録ありがとうございます！　感謝の気持ちを込めて、「圧倒的に再生数を伸ばす！　サムネイルの作り方完全攻略」の動画をお渡しします！

【2通目】プレゼントのアナウンスを行う
例：動画、見てくれましたか？　まだの場合はお早めにどうぞ！

【3通目】残りのプレゼントを渡す
例：お待たせしました「10日で1億稼いだLINEステップ」「タイトル訴求リスト」「登録者が爆発する台本テンプレート」のプレゼントの受け取りはこちらから！

【4通目】イベント告知をする
例：「YouTube登録者数1,000人突破記念」に、〇月〇日〇時〜オンライン無料相談会を実施します！

【5通目】イベントの参加申し込みの締切日を伝える
例：無料相談会のお申し込みは済みましたか？　締め切りは〇月〇日23時59分までです！これを逃すと追加募集は行いませんので迷っている方はお早めにどうぞ！

【6通目】プレゼント動画の期限を伝える
例：プレゼントした「サムネイルの作り方完全攻略」がもうすぐ見られなくなります！　まだ見ていない方はお早めにみてくださいね！

【7通目】最終告知
プレゼントの受け取り期限やイベントの申し込みの1日前や1時間前にリマインドのメッセージを送る

● 活動期間が短い人はステップ配信に動画を交ぜまくる

ただ一方で、YouTubeでの活動期間がまだ短く、100％信頼を獲得できていない人もいると思います。そのような場合はステップ配信をする場合でも内容が少し変わってきます。

動画の投稿数が少なかったり、LINEの登録数が少ない場合のステップ配信は次の通りです。

【ステップ配信1通目：プレゼントを渡す】
LINE登録をしてくれたことへの感謝のメッセージと、予告したプレゼントを渡します。さらに、動画も渡してセミナーや無料相談への募集をしてしまいましょう。

【ステップ配信2通目：課題解決の動画を渡す】
1通目で送ったものとは別の内容の動画を送ります。内容としてはLINEに登録した人が抱えていそうな悩みを解決するようなものです。
ここでもセミナーや無料相談の募集をしてしまいましょう。

【ステップ配信3通目：実績紹介の動画を渡す】
2通目で送ったものとは別の内容の動画を送ります。内容は実際にあなたのコンテンツによって結果を出した人を紹介して、あなたの実績を視聴者に伝えるようなものです。
ここでもセミナーや無料相談の募集を行ってください。

【ステップ配信4通目：具体的ノウハウの動画を渡す】
3通目で送ったものとは別の内容の動画を送ります。内容としてはあなたのコンテンツの具体的なノウハウを公開します。もちろん、ここでもセミナーや無料相談の募集を行いましょう。

活動期間が長い人に比べて、短い人はYouTubeで動画を見てもらえるチャンス自体が少なかったり、動画の本数や再生回数も少ない傾向が強いです。ですからLINE登録してもらった人にたくさん動画を送って少しでも見てもらい、**LINE内で信頼を獲得**していきましょう。

　動画の中では毎回必ずセミナーや個別相談をしている旨を伝え、**どの動画からでもバックエンド商品へ誘導できる仕掛け**を作ります。

　ステップメールでの誘導は、4通目あたりからバックエンドへの誘導を行うのが定番でした。ですが、そのパターンはすでに視聴者にもバレているので最初からでも構いません。

重要なのは動画の内容です。

　提供するすべての動画が視聴者にとって有益であり、メリットを感じさせる内容のものにしてください。

　私もプロデュースをするときはこの動画はかなりしっかりチェックして「これはOKです、これはNGです」とアドバイスします。

　どのようなものが有益なのかは、具体的な商材によって変わるのでここでは詳しく触れませんが、売上を上げている大手アカウントなどの動画内容をリサーチしてみると、感覚をつかめると思います。

活動期間が短い人のステップ配信

 【1通目】プレゼントを渡す

 【2通目】課題解決の動画を渡す

 【3通目】実績紹介の動画を渡す

 【4通目】具体的ノウハウの動画を渡す

対談動画でクロージングする前から欲しくさせる

　ステップ配信で送る【ステップ配信3通目：実績紹介の動画】について、私自身が非常に効果を感じたやり方を紹介しておきます。実績紹介動画では、あなたのコンテンツによって悩みを解消できたり、成果を出せた人の紹介をする、「対談動画」が比較的高い効果を発揮します。

　過去の実績を出すことは、視聴者に自分を信用してもらうための重要な要素です。ただ、出し方を間違えると、「何かを売ろうとしてる」と思われてしまい逆効果になることがあります。

　商品を「欲しい」と思わせるためには「売るために実績を出している」と思わせるのではなく、「この人は実力がある」と感じてもらい、「この人の商品が欲しい」と思わせることが重要です。

　だからこそ対談動画という形にするのです。これは上級テクニックですが、できるのであればぜひやってください。

　あなたが販売する自社商品を過去に購入してくれた人がいれば、その人にインタビューをする形で対談動画を作りましょう。

・最初にどんな悩みを抱えていたのか？
・何がこの商品を購入する決め手になったのか？
・その商品、サービスによってどんな変化があったか？

　これらの質問を使って「お客様の声」を動画にするのです。

　抱えていた悩みが解決してどう変化が起こったかを、わかりやすくビフォー／アフターにするといいでしょう。

　ビジネス系であれば実際に売上が上がったり、ダイエット系や筋トレ系なら何キロ痩せられたか、といったようなことが実績になります。

　最初は実績が少ないと思いますので1〜2本でも構いません。もしも過去にブログやX（旧Twitter）やInstagramで売上が上がってYouTube

を始めたのであれば、そのときの実績でもいいでしょう。

出せる実績は対談動画の形にしてアウトプットしてください。

● 実績が増えてきたら専用のチャンネルを作る

これらの対談動画（実績動画）についてはYouTube上にもアップロードしてください。そのURLをLINEに登録してくれた人に「受講生の実績動画です」と出せばいいのです。

最初は1〜2本と数が少ないと思うのでメインチャンネルの中でアップします。実績が10も20もたまってきたら、専用のチャンネルを立ち上げ、動画を移動させましょう。

ここでも、サムネイルに一工夫。

「受講生実績」や「受講生対談」のような文言がサムネイル（やタイトル）に入っていると再生回数が回りません。他人の自慢話を聞きたい人はいないからです。

そうではなく「6ヶ月で売上〇万円を達成した〜」「〇kgだった肥満体がたった3ヶ月で体脂肪率〇％のムキムキに〜」のような**コンテンツによって実績を出したことをメインに打ち出します。**

このやり方は実際に私が仮説検証を行った結果でもあり、ビフォー／アフターを強く打ち出したときのほうが再生回数は伸びました。

イメージとしては新しい視聴者を増やすための「1つのコンテンツ」として出すことです。
あなたのYouTube動画の内容を実際に試した人がいて、その人が結果を出したような動画にするのです。

お客様はみんな何かしらのストーリーを持っていますので、ビフォー／アフターは基本的にコンテンツとして面白いです。視聴者に見てさえもらえれば楽しんでもらえます。要は見せ方の問題なのです。

● チャンネル内のコミュニティ投稿でも実績を打ち出せる

もう1つ、これはLINEではなくYouTube上での実績の打ち出し方ですが、**チャンネル内のコミュニティ投稿を使う**方法もあります。
YouTubeのホーム画面を見ると「ホーム」「動画」「ライブ」「再生リスト」「コミュニティ」といったタブがあります。このタブのうちの「コミュニティ」の部分を使います。

コミュニティ投稿では通常の動画では出しづらい内容（受講生の実績やオフ会の様子など）のものも投稿することができます。他のSNSのような文章による投稿やそれに付随した画像や動画、QRコードなども載せることができますし、アンケートやクイズを投稿することもできます。

要するに**YouTubeをテキスト型SNSとしても活用**できるのです。これによってファンの数を増加させることができます。

　私の場合は、ここに受講生のチャンネル登録者数が爆増していることを画像とともに載せたりしています。

　例えばダイエットであれば、受講生のビフォー／アフターの写真を（顔を隠して）載せたりするとそれだけでも充分な実績です。
「コミュニティ」は視聴者全員が見ているわけではありませんが、見ている人は見ています。SNSを1つ新しく持つつもりで活用してみてください。

まとめ

対談動画

- 最初にどんな悩みを抱えていたのか？
- 何がこの商品を購入する決め手になったのか？
- その商品、サービスによってどんな変化があったか？

を盛り込んだ対談動画を作り

「お客様の声」「ビフォー/アフター」

を動画にする

コミュニティ

実績掲載の他、
視聴者にアンケートを取ったり
特別プレゼントの告知を強化したり
できる。

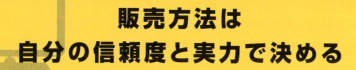

販売方法は自分の信頼度と実力で決める

ここまできたら、いよいよバックエンド商品を販売します。
バックエンド商品の販売方法には3つのパターンがあります。

> 1. 個別相談からの販売：初級者向け
> 2. セミナーからの販売：中級者向け
> 3. 動画からの販売：上級者向け

それぞれタイプ別にメリットと注意点をお伝えしていきましょう。

1.個別相談からの販売

個別相談からの販売は、その名の通り、**顧客ひとりひとりと面談をして、最後にその悩みを解決する商品を紹介して購入に至ってもらう**方法です。

個別相談の良いところは、一対一で話を聞くので10万円以上の高額商品を販売しやすいことです。50万円や100万円以上する個人レッスンやコンサルティングなども個別相談であれば売りやすいです。

また、個別相談は**リストが少ない状況でも機能**します。
つまり、ビジネス系YouTuber初級者向けなのです。逆にリストが何百人とあると、ひとりひとり個別に対応が難しい場合が多いです。

ビジネス系YouTuberとしてスタートした頃はまだリストは少ないと

思いますので、まずはここから始めるようにしましょう。高額商品でも売りやすいので売上を作りやすいですし、少ないリストを最大限に活かすことができます。

個別相談ローンチの3つの注意点

個別相談ローンチを行うときには、気を付けてもらいたいことが3つあります。

> ①事前ヒアリングを行う
> ②30〜60分の時間を確保する
> ③参加者へのプレゼントを用意する

①事前ヒアリングを行う

まず事前のヒアリングですが、**ヒアリングシートを準備して相手のことを知りましょう。**

個別相談は個々のお悩みを聞いて、それを解決する手段としてバックエンド商品を提案します。ですから事前に情報があると、話の展開を考えておくことができます。

②30〜60分の時間を確保する

個別相談の場合は**30〜60分**程度の時間を1人に対して確保しておくようにしましょう。60分以上がダメなわけではなく、相談人数と確保できる時間に合わせて調整してください。

個別相談で一対一の会話をするわけですから、1時間でも2時間でも使ったほうが相手の満足度は上がりますし、バックエンド商品も売れやすくなります。

私の受講生の方の中には150人くらいのリストで400万円を売り上げ

た方がいます。その人も長いときは2時間くらい相手の悩みや相談に乗り、商品を買ってもらっていました。

　バックエンド商品を買ってもらうために相手には時間を使ってもらっているわけですから、しっかり相手にGiveできるように、きちんと寄り添える時間を確保しておいてください。

③参加者へのプレゼントを用意する

　最後はプレゼントです。

　個別相談に参加してくれたとしても、すべての参加者がバックエンド商品を購入してくれるとは限りません。

　それに個別相談と言いつつ、最後はこちらから商品を紹介することになるので、人によっては「モノを売りたいだけだったのか！」と気分を害することもあります。

　そんな気持ちを中和するためにも**プレゼントを用意**しましょう。

「終わり良ければすべて良し」ではありませんが、最後が気持ち良く終われると人の気分は良くなるものです。

　仮に今回は買わなかったとしても、丁寧に相談に乗ってもらったり有益なプレゼントをもらったりした記憶によって、相手はあなたのことを「良い人だな」と思ってくれます。

　そこから「やっぱりこの人の商品を買ったらより良いサービスが受けられるんじゃないか」と思ってもらえる可能性も高いです。

　今回はダメでも次回に活かすために、プレゼントは重要です。

2.セミナーからの販売

　セミナーからの販売は、**ある程度のリストが溜まっている人向け**の販売手法です。

　例えば、100人のリストに対してセミナーを告知した場合の最大参加人数は100人になります。実際参加してくれるのはもっと少なく、**30**

％前後です。

　しかも、その30人は1回のセミナーで全員が来るとは限りません。仮に3日間にわたってセミナーをするとして、10人ずつに分かれたとしたら10人に対してセミナーをすることになります。

　それならば、ちょっと頑張って1時間の個別相談を10人やったほうが買ってもらえる確率は高いでしょう。

　ですから、セミナーからの販売は**リストの数が1,000人を超えてきたくらい**から始めるのがおすすめです。

　一方で、セミナーでの販売は5万円くらいの低額商品から100万円を超える高額商品まで幅広く売ることができます。

● セミナーからの販売の3つの注意点

セミナーからの販売でも注意点が3つあります。

> ①事前審査を行う
> ②4時間以上の時間を確保する
> ③参加者へのプレゼントを用意する

①事前審査を行う

　セミナーで最も気を付けなければいけないのが**「不特定多数の参加者が来ること」**です。

　個別では難しい人数だからセミナーで一対多の構図を作っているのですが、そうなると必ず「この人には売りたくないな」と思う人も入ってきてしまいます。ですから事前審査を行いましょう。

　審査は基本的に事前に審査シートを作っておき、その記入内容をベースに判断していきます。あなたが「この人には商品を買ってもらいたく

ない」と思う人がいたら事前審査の時点で除外してしまいましょう。

私はこれをかなりしっかりとやっていて、私と直接話す前に審査を行い、合格した人だけが私と会えるような仕組みにしています。

そうすることで商品を買ってもらいたくない人には売らないようにできているのです。

一方で、リスク以上に売上を最大化したい人は、審査をしなくてもOKです。

②3時間以上の時間を確保する

セミナー自体はバックエンド商品を販売するために行いますが、講義内容としてはプレゼントで渡した動画よりも有益な情報をしっかり伝える必要があります。

もしくは、プレゼントした動画の内容をよりわかりやすく、スライドを使うなどして話をするのでもいいでしょう。

内容が被ることは心配しなくてOK。ほとんどの人はプレゼント動画を見ていたとしても、ある程度内容を忘れてしまいます。ですから同じような話でもスライドなどで見せ方を変えることで満足度は充分高められます。

もちろん、もっと内容を作り込みたいという人はそれでも構いません。私の場合は新しい内容を作り込むようにしています。

ただどちらの場合でも、セミナーからの販売は時間がかかります。

セミナーだけで60〜90分、そのあとのバックエンド商品の説明で30〜60分、そこから質疑応答を行います。仮に30分としても**トータルで3時間以上を確保**しておく必要があるでしょう。

質問が尽きなければもっと長くやっても構いません。質疑応答でしっかり対応すると、参加者から「この人から商品を買っても安心だ」と思ってもらえます。逆に質疑応答が適当だと「商品もアフターサービスも適当かもしれない」と思われます。

③参加者へのプレゼントを用意する

　前述したように、セミナーの参加率は基本的に悪いです。30%の参加率を高めるためには、ここでもプレゼントを配りましょう。

　例えば、セミナーを告知した時点で3つのプレゼントのうちの1つを渡して「残り2つはセミナーの途中にお渡しするので参加してください」と告知すればセミナーの参加率は上がります。

　あとは、個別相談のところでもお伝えしたように参加者の満足度を高める効果も発揮してくれます。

3.動画からの販売

　動画からの販売では、個別相談もセミナーも行いません。
　ステップ配信で**登録者に対してプレゼント動画を送り、動画の最後でクロージングをかけます。**

　例えば「本動画でお伝えした情報をもっと知りたいですよね？　そんな人のために講座を作りました。4万9,800円です」のように動画の最後で商品を販売し、購入URLへと誘導します。

　ただし、動画からの販売は**上級者向け（プロ向け）**なので初級者が最初からやるべきではありません。なぜなら、この方法は**視聴可能な人が幅広く、炎上リスクが高まってしまう**からです。

　YouTubeで告知してLINEにお客さんを誘導する時点である程度のスクリーニングは行われていますが、それでも完全ではありません。
　セミナーからの販売のように事前審査も行わず、集めた人に一気に動画内で販売してしまうので、言ってみれば「誰が見ているかわからない」という状態なのです。

　ですから、動画で販売を行う場合は、**5万円くらいまでの低価格商品**に限定して売るべきです。もしくは、街中にあるような見慣れた商品にしましょう。

低価格商品で稼ぐためには数を売らなければいけませんが、1,000人以上のリストに対して動画で売るのであれば多売は可能だと思います。問題は炎上リスクだと考えてください。

●「低単価商品を売る」と「低単価で売る」は大きく違う

　動画から販売に関連してもう1つ、初心者の方に知っておいてもらいたいのは「YouTubeの動画の再生回数が少ない状態では低単価商品はあまり売れない」ということです。

　特に初心者の人が初めて商品を売る際、「クレームが怖いから低単価で売る」と考える人がいます。ですが、実際は再生回数が少なくてあまり売れず、結局は全然稼げなかった、という事態になってしまいがちです。この考え方は捨てるようにしてください。

　そうではなく、初級者だからこそ少ないお客さんに対してきちんと個別相談をして誠心誠意、向き合ってください。そしてGiveをしてください。そうすれば高額商品でも売れます。

　クレームが怖い、自信がないからと低価格にするのは、逆にお客さんにとって失礼だと私は思います。

　高額だとサービスを還元できないとして、低額であればサービスが悪くてもいいのでしょうか？

　2〜3万円の定額商品で月商100万円を稼ごうと思うと30〜50人に売らないといけなくなります。これは持論ですが、それならば、1人のお客さんに数十万円の商品を買ってもらってサポートに全力を費やすほうが、私は誠実だと思うのです。

　低単価商品を売ることと低単価で売ることは、言葉は似ていても意味は大きく違います。そのことを理解して、初級者は地道に高額商品を販売していきましょう。

オートウェビナーという選択肢

　これらのクロージングに、最近では新しく「オートウェビナー」という選択肢が出てきました。
　オートウェビナーは事前に録画したセミナーを特定のスケジュールに従って自動的に配信できる機能です。ライブとは異なり、プレゼンターがその場にいなくてもセミナーを受講することができます。
　設定の仕方はさまざまあるのですが、ステップ配信のところでご紹介した「UTAGE」というツールには、このオートウェビナー機能が搭載されています。

　このオートウェビナーを使うと、セミナーの回数を増やすことができ、とても効率的なのですが、私は初心者にはおすすめしません。
　というのも、購入率は当然、丁寧に参加者の質問や疑問を解消してあげたほうが上がります。初心者のうちは、信頼度の積み上げやファン化の度合いがそこまで深くない場合が多いため、オートウェビナーの手法は難易度が非常に高いのです。

　ただ、商品数が多くなってきたときや、時間がどうしても取れない人にとっては、オートウェビナーは有効な方法です。
　最初のうちは個別販売やセミナー販売で直接参加者からフィードバックをもらい、うまくセミナーを構成できるようになってからオートウェビナーに移行するというのも一つの手だと思います。
　自分自身のファンからの信頼度と売上のバランスを考えて、選んでみてくださいね。

まとめ

クロージングの手法

個別相談からの販売→リストが少なくても機能する

初心者向け

①事前のヒアリング
②30〜60分の時間確保
③参加者へのプレゼント用意

が必須！

**セミナーからの販売
→リストが1,000人以上の場合効率よく販売できる**

中級者向け

①事前審査
②3時間以上の時間確保
③参加者へのプレゼント用意

を推奨！

動画からの販売→大人数へのアプローチが可能

上級者向け

・誰もが見られれる意識を持つ
・低価格商品の販売を推奨

イベント風に告知して人を集める

　最後に、ここまで説明してきた「販売」の場にどうやって人を集めるかをお伝えします。
　それは、「イベント風の告知」です。
「営業させてください！」と正面からお願いしてもいいのですが、相当な信頼がない限りは、嫌がられるでしょう。これは、企業の営業担当でも同じことだと思います。
　ですから、「営業の場」を「イベント」に見せかけるのです。建て付けは企業がよく展開している「展示会」と一緒です。

　こう聞くと、「顧客をだましている」と誤解を招くかもしれませんが、違います。イベントは実際にやるのです。
　イベント、と一口に言うと大掛かりなものを想像してしまうかもしれませんが、「LINE登録者100人突破記念で質疑応答大会をします！」とか、「期間限定で個別相談会を実施します！」とかのレベルでOK。これであれば、用意するべきなのはZoomのリンクと知識くらいです。
　他にも、「YouTubeチャンネル開設1年記念に特別セミナーを開催します！」とか、「売上目標1,000万円達成記念にノウハウを全部まとめた動画を作りました！」などが考えられます。

　そして、質疑応答大会やセミナー、動画の最後にクロージングをするのです。
　この告知は、YouTubeで行ってもいいでしょう。ただし、必ずLINEへ誘導し、ワンクッションはさむようにしてください。

ポイントは、この**クローズドな環境で初めて商品を販売**することです。わざわざイベントに参加するような人は基本的に「求めている人」なので、商品の販売をかけられても嫌がることはほぼありません。買う人は買いますし、買わない人は買わないだけです。

イベント告知にも配信ツールを活用しよう

イベント告知も配信ツールを活用していきます。イベント告知にステップ配信が重要だからです。

なぜなら、イベントは**告知した後に開催するまでラグがある**からです。告知を見た瞬間には参加する気だった登録者が、当日までにすっかり忘れてしまったなんてことはザラにあります。

ほかにも、一時的な感情で参加登録をしたものの、落ち着いてみると「やっぱりやめとこうか」と離脱されてしまう可能性は残ります。

この時、登録者のモチベーションを維持するために毎日定期でメッセージを送るのが有効です。

イベントの告知は、**開催の2週間前ごろに実施**するパターンが多いです。その間、毎日告知やリマインドを送りすぎると煩わしい場合もありますが、何もしないよりは、参加率も上がるでしょう。

無料相談もセミナーも地道な努力が大事

本章ではLINEで集客してからのことを主に解説してきましたが、結局**集客でも販売でも地道に相手のためになる努力**をすることが大事です。

ステップメールで見込み客にプレゼントを渡す場合でも、動画やテキストやテンプレートなど、相手が喜んでくれるプレゼントを作らないといけません。

いざクロージングをするときでも、プレゼントを渡してLINEに登録してもらった上で月に3〜4日、自分でセミナーをリアル開催したほうがいいです。
　まだ稼ぎ始めの人は時間があると思いますから、最初から楽をしようとせず（ツールを使って自動化できる部分は別です）、自分で小まめにセミナーや無料相談を開催してください。

　YouTubeも同じです。
　コンスタントに動画を配信してチャンネル登録者数を増やし、再生回数を伸ばしていくのは、単にLINEへ誘導して稼ぐためではありません。それはあくまでも「結果」であって、**視聴者に向けて役に立つ情報や悩みを解決できる提案を発信して、相手から信頼され、頼りにされる存在になるのが本質**です。
　ここにもやはり、地道な努力が必要です。

　YouTubeやLINEといった最新のプラットフォームやツールを使っても、ビジネスはビジネス、商売は商売です。
　売り手は買い手のことを考えて商品を作り、販売戦略を練り、購入して満足してもらう必要があります。だからこそ継続できます。
　稼いでいるビジネス系YouTuberはキラキラして見えるかもしれませんが、私も含め、常に地道な努力をしています。
　そのことを忘れずに「あなたの商品・サービス」で大きく稼いでください。

まとめ

イベントに人を集める

LINEにて告知

YouTube登録者数1,000人を記念して期間限定で無料個別相談を実施します！

告知はYouTubeなどの動画でもOK！

イベントの場でクロージング

クローズドな場での販売がポイント

あとがき　YouTubeで選択肢の広がった人生を手に入れる

　最後までお読みいただき、ありがとうございました。
　広告収入で稼ぐプラットフォームだったYouTubeが、コロナ禍と前後して「モノを売るのが当たり前の場所」になりました。
　「好きなことで、生きていく」のキャッチコピーでYouTuberという新しい稼ぎ方が生まれ、YouTubeで人気者になるのが稼ぎ方の定番だった世界から、YouTubeを通してモノが売れる世界になったのです。
　これを当時の私は「ゲームチェンジが起きた」と思いました。

　振り返ってみると、私がYouTubeマスターDになるまでには紆余曲折の10年間がありました。
　コンビニのアルバイトだった私が10代で友人と一緒に始めたビジネスで失敗して400万円の借金を抱え、しかもビジネスパートナーだった友人が失踪、借金を返すための日々を送っていました。
　アフィリエイト、物販、デイトレードなどで毎月14万円くらいを稼いでコツコツ借金を返していました。
　でも、そんなどん底の日々だった私を変えてくれた方がいました。その方――知り合いの社長さんは教えてくれました。

「どん底なのに何でそんなショボいことしてるの？
　1つのことを極めたほうが絶対にいい。
　いつかみんなが頼りにしてくるから。
　将来性のあるものに目をつけてマスターになったら？」

　この言葉で「YouTubeマスターD」の種が植えられました。
　YouTubeを始めようと思った私は、当時販売されていた教材を片っ端から買って勉強し、次第にYouTubeで稼げるようになっていきました。
「ステルスYouTuber」としてデビューし、4年ほど前に「YouTubeマス

ターD」になったのを含めてこれまで約10年間、YouTubeを一途にやってきました。

　おかげで借金も返し終わり、今ではYouTubeプロデューサーとして1,000チャンネル以上をプロデュース。知り合いの社長さんが教えてくれた「1つのことを極めたほうが絶対にいい。いつかみんなが頼りにしてくるから」が現実化したのです。

　本文内でもお伝えしたことですが、ビジネス系YouTuberであれば才能やセンスやタレント性やカリスマ性といったものは特に必要ありません。

　顔出しもしなくていい（というか、顔出しナシのほうがいい）ですし、ノウハウさえわかっていればあとは実行するだけで誰でも稼げる、再現性の塊のようなビジネスモデルです。

　本書ではそのノウハウを詰め込んだつもりです。

　ぜひ、本書をきっかけに人生の選択肢を増やしてください。

　YouTubeを使って選択肢の広がった人生を手に入れてもらいたいと思っています。普通に働いているとその仕事の人生しかありませんが、YouTubeの良いところは自分で稼げて、時間を選べて、経済的自由を手に入れられるところです。

　人生は選択肢が多いほうが楽しくなると私は思います。

　YouTubeで稼いで、食べたいものを食べ、欲しいものを手に入れ、行きたいところへ行って、会いたい人に会って、休みたいときに休む──そんな人生を手にしてください。

　人生は一度きりです。そして人生は、あなただけのものです。
「毎日が夏休みな人生」を手に入れましょう。

YouTubeマスターD

YouTubeマスターD

株式会社MooKing代表取締役社長。1994年生まれ。福島県出身。高校卒業後ホームページ制作会社の取締役に就任。その後顔出しをしないYouTubeに参入。2015年からYouTubeプロデューサーとしての活動を開始し様々な人気チャンネルを輩出。6年間で1,000チャンネル以上のプロデュースに携わり、数多くの人気YouTuberを排出。自身のYouTubeチャンネルである『YouTubeマスターD』は、YouTube攻略チャンネルとして国内初の登録者10万人を突破（2024年10月現在）。現在は企業から個人まで売上を伸ばすことを軸にしたYouTube運営のコンサルティングなども行う。
著書に『カンタン＆本気の副業！これからYouTubeで稼ぐための本』（ソシム）がある。

YouTube「マネタイズ」図鑑
【再生数（ほぼ）なし】【月2回投稿】【登録者数（ほぼ）なし】でも毎月30万円稼げる奇跡の方法

2024年11月21日　初版発行

著　者／YouTubeマスターD
発行者／山下　直久
発　行／株式会社KADOKAWA
　　　　〒102-8177　東京都千代田区富士見2-13-3
　　　　電話0570-002-301（ナビダイヤル）
印刷所／TOPPANクロレ株式会社
製本所／TOPPANクロレ株式会社

本書の無断複製（コピー、スキャン、デジタル化等）並びに無断複製物の譲渡および配信は、著作権法上での例外を除き禁じられています。
また、本書を代行業者等の第三者に依頼して複製する行為は、たとえ個人や家庭内での利用であっても一切認められておりません。

●お問い合わせ
https://www.kadokawa.co.jp/（「お問い合わせ」へお進みください）
※内容によっては、お答えできない場合があります。
※サポートは日本国内のみとさせていただきます。
※Japanese text only

定価はカバーに表示してあります。

©YouTubeMasterD 2024 Printed in Japan
ISBN 978-4-04-607081-4　C0034